BECK'SCHE TEXTAUSGABEN

Staudenmayer

Vorschlag für eine Verordnung des Europäischen Parlaments und des Rates über ein Gemeinsames Europäisches Kaufrecht

Vorschlag für eine Verordnung des Europäischen Parlaments und des Rates über ein Gemeinsames Europäisches Kaufrecht

Textausgabe

von

Dr. Dirk Staudenmayer
Honorarprofessor an der
Westfälischen Wilhelms-Universität Münster

Stand: 11. Oktober 2011

Verlag C. H. Beck München 2012

www.beck.de

ISBN 978 3 406 63275 4

Wilhelmstraße 9, 80801 München
Satz: Druckerei C. H. Beck Nördlingen
(Adresse wie Verlag)
Druck und Bindung: Druckhaus Nomos
In den Lissen 12, 76547 Sinzheim

Gedruckt auf säurefreiem, alterungsbeständigem Papier
(hergestellt aus chlorfrei gebleichtem Zellstoff)

Inhaltsverzeichnis

Einführung

Am 11. Oktober 2011 legte die Europäische Kommission nach mehr als zehnjährigen Vorarbeiten den Vorschlag für eine Verordnung zum Gemeinsamen Europäischen Kaufrecht vor.[1] Die endgültige Gestalt der am Ende dieses Gesetzgebungsverfahrens stehenden Verordnung steht noch nicht fest. Allerdings kann man am großen Interesse der (Fach-) Öffentlichkeit schon jetzt die enorme Bedeutung dieses Vorhabens für Rechtspraxis, exportierende Wirtschaft und Rechtswissenschaft erkennen. Daher sollten sich Praktiker, Wissenschaftler und Unternehmen schon jetzt mit dem Inhalt des Kommissionsvorschlages vertraut machen.

A. Sinn und Zweck der Verordnung

Wenn der Europäische Gesetzgeber die Verordnung verabschiedet, wird den Wirtschaftsakteuren ein optionales Instrument zur Verfügung stehen, das nach Auffassung der Europäischen Kommission eine bedeutende **Erleichterung für den grenzüberschreitenden Warenverkehr** darstellt. Es zeigt sowohl Unternehmen als auch Verbrauchern einen Weg auf, wie man die erheblichen Unterschiede in den materiellen Vertragsrechten der Mitgliedstaaten überwinden kann, die den internationalen Warenverkehr innerhalb der EU derzeit noch behindern. Damit wird der grenzüberschreitende Handel deutlich erleichtert, was dann auch für Verbraucher zu einem größeren Warenangebot bei niedrigeren Preisen führen dürfte.

Für das **materielle Vertragsrecht in Europa** ergibt sich bisher insgesamt ein sehr uneinheitliches Bild. Das allgemeine Vertragsrecht war bisher kaum von europäischer **Harmonisierung** betroffen.[2] Nur in einigen besonderen Bereichen des Zivilrechts gibt es harmonisierte Regelungen, vor allem im Verbrauchervertragsrecht. Meist betreffen diese bestimmte Vertragstypen, die nicht von zentraler Bedeutung für die nationalen Zivilrechte sind wie etwa den Pauschalreisevertrag oder bestimmte Vertriebsformen wie den Fernabsatz. Zwei zentrale Bereiche des Verbrauchervertragsrechts – das Kaufgewährleistungsrecht und die Kontrolle von allgemeinen Geschäftsbedingungen – sind jedoch bereits harmonisiert.

---

[1] KOM (2011) 635 endgültig. Der Autor ist der für das europäische Vertragsrecht zuständige Referatsleiter der Europäischen Kommission. Er führte den Vorsitz der in Fn. 26 genannten Expertengruppe und der Arbeitsgruppe der Rechtspraktiker. Die folgenden Ausführungen geben ausschließlich die persönliche Meinung des Autors wieder und binden nicht die Europäische Kommission.

[2] Neben sehr punktuellen Regelungen in anderen Rechtsakten wie etwa der Richtlinie über den elektronischen Geschäftsverkehr (Richtlinie 2000/31/EG des Europäischen Parlamentes und des Rates vom 8. 6. 2000 über bestimmte rechtliche Aspekte der Dienste der Informationsgesellschaft, insbesondere des elektronischen Geschäftsverkehrs, im Binnenmarkt, ABl. EG v. 17. 7. 2011, L 178/1) kann man die Zahlungsverzugsrichtlinie (Richtlinie 2011//EG des Europäischen Parlamentes und des Rates vom 16. 2. 2011 zur Bekämpfung von Zahlungsverzug im Geschäftsverkehr, ABl. EG v. 23. 2. 2011, L 48/1, die die frühere Richtlinie 2000/35/EG des Europäischen Parlamentes und des Rates vom 29. 6. 2000 zur Bekämpfung von Zahlungsverzug im Geschäftsverkehr, ABl. EG v. 8. 8. 2000, L 200/35 ersetzt.) erwähnen.

Die Richtlinien des Verbrauchervertragsrechts beruhen allerdings zumeist auf dem Prinzip der **Mindestharmonisierung.** Danach müssen die Mitgliedstaaten die Vorgaben der Richtlinie umsetzen, können aber zu Gunsten (nicht hingegen zu Lasten) des Verbrauchers über das Schutzniveau der Richtlinie hinausgehen. Dieser Ansatz hatte es zu Beginn der Harmonisierungsbemühungen auf europäischer Ebene den Mitgliedstaaten erleichtert, eine Einigung im Rat zu finden. Der Vorteil war, dass die Mitgliedstaaten mit einem höheren Verbraucherschutzniveau es auch nach Verabschiedung der Richtlinie beibehalten konnten. Erst in den letzten Jahren gingen die Kommission und der europäische Gesetzgeber allmählich zum Ansatz der Vollharmonisierung über, der den Mitgliedstaaten nur den „normalen" Spielraum bei der Umsetzung der Richtlinie gewährt, es ihnen aber nicht erlaubt, über das Schutzniveau der Richtlinie hinaus zu gehen. Grund dafür war, dass die vorherigen Richtlinien zwar zu einer gewissen Angleichung der nationalen Rechte (und zu einer europaweiten Erhöhung des Verbraucherschutzniveaus) geführt hatten, aber aufgrund des Mindestharmonisierungsansatzes noch weiterhin deutliche Unterschiede bestanden.

Diese Versuche des Übergangs zur **Vollharmonisierung** erfolgten aber nur vorsichtig: Die erste Richtlinie des Verbrauchervertragsrechts, bei der der Kommissionsvorschlag diesem Ansatz folgte, war die Richtlinie zum Fernabsatz von Finanzdienstleistungen.[3] Der Rat strebte dort zwar eine Vollharmonisierung an, beließ es für den Bereich der vorvertraglichen Information aber bei der Mindestharmonisierung, weil dort die nationalen Rechte zu unterschiedlich waren.[4] Die Verbraucherkreditrichtlinie[5] war dann die erste Richtlinie des Verbrauchervertragsrechts, die insgesamt zu einer Vollharmonisierung führte. Hier konnte die Kommission zur Begründung belegen, dass die Mitgliedstaaten die Vorgängerrichtlinie[6] – die noch eine Mindestharmonisierung beinhaltete – zwar alle umgesetzt hatten, aber in unterschiedlichem Umfang darüber hinausgegangen waren. Dies hatte zur Folge, dass Finanzdienstleister, die grenzüberschreitend Verbraucherkredite vertreiben wollten, sich immer noch 26 verschiedenen Rechten gegenüber sahen. Allerdings waren die Beratungen bei der Verbraucherkreditrichtlinie vor allem im Rat schwierig und langwierig. Das lag nicht nur am recht technischen Regelungsgegenstand, sondern vor allem daran, dass es sehr schwierig war, sich angesichts sehr unterschiedlicher nationaler Regelungen zum Beispiel im Bereich der Vorfälligkeitsentschädigung zu verständigen, ohne den Spielraum der Mindestharmonisierung zu Hilfe nehmen zu können. Im Ergebnis einigte man sich zwar; der Preis dafür war aber, dass die Richtlinie in einigen Punkten

---

[3] Richtlinie 2002/65/EG des Europäischen Parlamentes und des Rates vom 23. 9. 2002 über den Fernabsatz von Finanzdienstleistungen an Verbraucher und zur Änderung der Richtlinie 90/619/EWG des Rates und der Richtlinien 97/7/EG und 98/27/EG, ABl. EG v. 9. 10. 2002, L 271/16.

[4] Vgl. Art. 4 Abs. 2 der Richtlinie.

[5] Richtlinie 2008/48 des Europäischen Parlaments und des Rates vom 23. 4. 2008 über Verbraucherkreditverträge und zur Aufhebung der Richtlinie 87/102 des Rates, ABl. EG v. 22. 5. 2008, L 133/66.

[6] Richtlinie 87/102/EWG des Rates vom 22. 12. 1986 zur Angleichung der Rechts- und Verwaltungsvorschriften der Mitgliedsstaaten über den Verbraucherkredit, ABl. EG v. 12. 2. 1987, L 42/48; geändert durch Richtlinien 90/88/EWG des Rates vom 22. 2. 1990, ABl. EG v. 10. 3. 1990, L 61/14 und 98/7/EG des Europäischen Parlaments und des Rates vom 16. 2. 1998, ABl. EG v. 1. 4. 1998, L 101/17.

innerhalb des voll harmonisierten Bereichs den Mitgliedstaaten bei der Umsetzung doch noch erheblichen Spielraum einräumte.[7)]

Angesichts dieser Erfahrung war es nicht verwunderlich, dass der Entscheidungsprozess bei der folgenden **Verbraucherrechterichtlinie**[8)] nunmehr ganz klar die Grenzen der Vollharmonisierung für Bereiche aufzeigte, die den Kern der nationalen Vertragsrechte betreffen. Der Richtlinienvorschlag der Kommission[9)] sollte vier verschiedene Richtlinien[10)] ersetzen, darunter die beiden Richtlinien, die unter allen existierenden vertragsrechtsrelevanten Richtlinien die bisher größte Bedeutung für die nationalen Vertragsrechte hatten: die Richtlinien zu den missbräuchlichen Vertragsklauseln und zum Verbrauchsgüterkauf. Dementsprechend schnitt der Rat den Richtlinienvorschlag deutlich zurück und strich die Kapitel, die die Regelungen zu den missbräuchlichen Vertragsklauseln und zum Verbrauchsgüterkauf enthielten, heraus. Dies bedeutet aber, dass für den grenzüberschreitenden Warenkauf zentrale Fragen nicht voll harmonisiert sind.

Damit müssen Vertragsparteien bei grenzüberschreitenden Verträgen wegen der Unterschiede im materiellen Vertragsrecht auf das in Europa einheitlich geregelte **Internationale Privatrecht** zurückgreifen, um das auf den Vertrag anwendbare Recht zu bestimmen:

Für **Unternehmen** stellt sich im Bereich der **grenzüberschreitenden Verbraucherkaufverträge** die Situation allerdings derzeit recht kompliziert dar: Nach dem System der Rom I – Verordnung,[11)] die das auf den Vertrag anwendbare Recht bestimmt, sehen sich Unternehmen, die sich direkt an Verbraucher in anderen Ländern wenden, um ihre Produkte verkaufen zu wollen, gezwungen, ein fremdes Recht ganz oder teilweise anzuwenden oder doch zumindest zu prüfen. Wenn sie in ihren Verträgen keine Rechtswahl getroffen haben, findet das Heimatrecht des Verbrauchers zur Gänze Anwendung. In der Regel wählen aber Unternehmen in ihren Allgemeinen Geschäftsbedingungen ihr eigenes Recht als das auf den Vertrag anwendbare Recht. So kommen auf jeden Fall die Bestimmungen des Rechtes des Verbrauchers, die durch Vertrag nicht abbedungen werden können, zur Anwendung, falls diese für den Verbraucher günstiger sind als die Bestimmungen des eigentlich gewählten Rechts. Diese Regelung ist aus der Sicht des Verbraucherschutzes sinnvoll. Allerdings ist sie im konkreten Fall so schwierig anzuwenden, dass diese Komplexität schon für sich genommen für Unternehmen ein erhebliches Problem darstellt.[12)]

Zudem gibt es für Unternehmen noch weitere Hindernisse, die nicht unerhebliche **Kosten** für Unternehmen verursachen: Nachdem die Unternehmen herausgefunden haben, welche Bestimmungen welchen Rechtes auf ihren Vertrag anwendbar sind, müssen sie sich zunächst über die Auswirkun-

---

7) Das beste Beispiel ist die Regelung der Vorfälligkeitsentschädigung in Artikel 16 der Richtlinie.

8) www.register.consilium.europa.eu/pdf/de/11/pe00/pe00026.de11.pdf

9) Vorschlag für eine Richtlinie des Europäischen Parlamentes und des Rats über Rechte der Verbraucher, KOM (2008) 614 endg. v. 8. 10. 2008.

10) Die Richtlinien zu Haustürgeschäften, zum Fernabsatz, zu missbräuchlichen Vertragsklauseln und zum Verbrauchsgüterkauf.

11) Art. 6 der Verordnung (EG) Nr. 593/2008 des Europäischen Parlamentes und des Rates v. 17. 6. 2008 über das auf vertragliche Schuldverhältnisse anzuwendende Recht (Rom I), ABl. EG v. 4. 7. 2008, L 177/6.

12) Zu den folgenden Ausführungen vgl. die Gesetzesfolgenabschätzung der Kommission (COM (2011) 635 final).

gen dieser jeweils anwendbaren Bestimmungen des fremden Rechtes informieren. Des Weiteren müssen sie ihre Allgemeinen Geschäftsbedingungen anpassen. Das ist schon deshalb erforderlich, damit der Vertrag nach den Bestimmungen des anwendbaren Rechts rechtmäßig ist. Darüber hinaus wurden die eigenen Allgemeinen Geschäftsbedingungen des Unternehmens im Regelfall so entworfen, dass sie dem Unternehmen wirtschaftlich vorteilhaft erscheinen. Der Maßstab dafür war aber das jeweilige nationale Recht. Wenn nun aber ein fremdes Recht ganz oder zumindest teilweise zum Maßstab wird, muss überprüft werden, ob die Allgemeinen Geschäftsbedingungen immer noch die wirtschaftlich vorteilhafteste Gestaltung für das jeweilige Unternehmen aufweisen und falls notwendig muss der Vertrag angepasst werden.

Diese vor allem für kleine Unternehmen hohen **Transaktionskosten** insbesondere für Rechtsberatung im Hinblick auf grenzüberschreitende Geschäfte **werden vermieden,** wenn die Unternehmen in der Zukunft das **GEKR** anwenden können. Dann verkaufen sie nämlich aufgrund eines einzigen Vertrages und unter Benutzung einer einzigen IT – Plattform ihre Produkte in allen anderen Mitgliedstaaten der EU.

Bei **grenzüberschreitenden Handelskäufen** ist die Situation weniger kompliziert, da hier nach Art. 3 der Rom I – Verordnung Rechtswahlfreiheit besteht. Diese führt in der Regel dazu, dass das marktmächtigere Unternehmen dem Vertragspartner die eigenen Allgemeinen Geschäftsbedingungen auferlegt. Jene enthalten zumeist eine Rechtswahlklausel zu Gunsten des eigenen oder eines sonst gewünschten Rechtes. Also muss sich der schwächere Vertragspartner – oft (aber nicht notwendigerweise) ein kleines oder mittleres Unternehmen – über das ihm auferlegte anwendbare Recht informieren, um seine vertraglichen Verpflichtungen und Rechte beurteilen zu können. Zudem kann dies auch dazu führen, dass der Vertragspartner sich nur ungern auf diese Rechtswahl einlässt, da er davon ausgehen kann, dass die dem Vertrag zugrundeliegenden Allgemeinen Geschäftsbedingungen entsprechend dem vom marktmächtigeren Unternehmen gewählten Recht so gestaltet sind, dass sie letzterem Vorteile gewähren.

Es muss aber nicht immer eine Situation vorliegen, in der ein Vertragspartner marktmächtiger ist: Zum Beispiel in einem Verkauf über den Rhein hinweg zwischen einem elsässischen mittleren Unternehmen und einem badischen Unternehmen von vergleichbarer Größe können Verhandlungen über das anwendbare Recht ein Problem darstellen, da zunächst beide Vertragspartner auf ihrem eigenen Recht als anwendbares Recht bestehen werden. In diesen Situationen kann es von Vorteil – weil vertrauensbildend oder kostensparend – sein, wenn die Vertragsparteien auf ein „neutrales" Recht zurückgreifen können, dessen Wertungen den Interessen beider Vertragsparteien in ausgewogener Weise Rechnung tragen.

Für die **Verbraucher** als **Vertragspartei** eines grenzüberschreitenden Kaufvertrages bringt das GEKR Vorteile in Form größerer Auswahl zu wahrscheinlich niedrigeren Preisen bei Nutzung eines sehr verbraucherfreundlichen Schutzniveaus, das in vielen Fällen genauso hoch oder höher als das jeweils nationale Recht liegen wird.

Nach Untersuchungen der Kommission finden Verbraucher vor allem in kleineren und mittleren Mitgliedstaaten der EU eine geringere Auswahl von Produkten vor, die sie zudem oft teurer bezahlen müssen, als wenn sie **grenzüberschreitend** in anderen Mitgliedstaaten **einkaufen** würden. Einer der Gründe hierfür ist danach, dass es für die Unternehmen aus anderen Mitgliedstaaten (nicht nur, aber auch) wegen der Unterschiede in den nationalen Vertragsrechten wirtschaftlich schlichtweg keinen Sinn macht, in diese kleineren oder mittleren Märkte zu verkaufen. Außerdem sehen sich Verbraucher insbesondere aus kleineren und mittleren Mitgliedstaaten, wenn sie aus eigener Initiative in einem anderen Land – vor allem im elektronischen Geschäftsverkehr – einkaufen wollen, oft einer Weigerung des betreffenden Unternehmens ausgesetzt, in ihr Land zu verkaufen. Auch das ist nach Auffassung der Kommission neben einer Reihe von anderen Gründen unter anderem auch auf die Unterschiede in den Vertragsrechten zurückzuführen. Dieser Mangel an grenzüberschreitendem Wettbewerb und das daraus resultierende geringere Angebot zu höheren Preisen soll dadurch verbessert werden, dass die Unternehmen auf der Grundlage der Verordnung leichter in andere Mitgliedstaaten verkaufen können.

Dazu verschafft die Verordnung den Verbrauchern ein hohes **Verbraucherschutzniveau,** das auf demselben oder einem höheren Niveau als das bisher existierende EU-Recht liegt.

B. Vorgeschichte

Die ersten Arbeiten der Europäischen Kommission begannen im Frühjahr 2000, der Anstoß war die Verabschiedung der Richtlinie zum Verbrauchsgüterkauf. Mit dieser Richtlinie war die EU zum ersten Mal in einen Kernbereich des nationalen Vertragsrechts vorgestoßen. Im Wesentlichen stellte sich nun die Frage, ob es sinnvoll ist, mit dem bis dahin praktizierten Ansatz der Harmonisierung ganz bestimmter spezifischer Bereiche des Vertragsrechts fortzufahren oder einen anderen Ansatz[13] zu wählen. Die Antwort darauf war relativ einfach: Wenn der bisherige Ansatz zu zufrieden stellenden Ergebnissen in der Praxis führt, spricht dies dafür, ihn fortzuführen. Falls das nicht der Fall ist, muss man über einen eventuell neuen Ansatz nachdenken, um bestehende Probleme zu lösen.

Diese grundsätzliche Überlegung führte zur Verabschiedung der ersten **Kommissionsmitteilung** zum Europäischen Vertragsrecht vom Juli 2001.[14] Die Kommission lancierte eine öffentliche Konsultation zu im Wesentlichen zwei Punkten: Erstens sollte geklärt werden, ob es trotz – oder vielleicht sogar wegen – des bisherigen sektoriellen Harmonisierungsansatzes Probleme vor allem für den Binnenmarkt und die Kohärenz des Gemeinschaftsrechts gibt. Zweitens sollten Reaktionen zu verschiedenen Optionen eingeholt werden, falls solche Probleme bejaht würden.

Nach Auswertung der Ergebnisse dieser Konsultation legte die Kommission im Februar 2003 einen **Aktionsplan**[15] vor, der wiederum ein Konsultationsdokument war. Er fasste zunächst die der Kommission vorgelegten Probleme zusammen und legte dann drei Optionen zur Diskussion vor: Die erste Option zielte auf die Lösung von Kohärenzproblemen im geltenden Richtlinienrecht. Der ins Auge gefasste Ansatz sah die Erarbeitung eines – hier zum ersten Mal erwähnten – Gemeinsamen Referenzrahmens vor. Dieser Gemeinsame Refe-

---

[13] Zu den verschiedenen Möglichkeiten vgl. Staudenmayer, Perspektiven des Europäischen Vertragsrechts, in: Schulze/Schulte-Nölke (Hrsg.), Die Schuldrechtsreform vor dem Hintergrund des Gemeinschaftsrechts, 2001, S. 419 ff.

[14] KOM (2001) 398 endg. Siehe hierzu Staudenmayer, EuZW 2001, 485 ff.

[15] KOM (2003) 68 endg. Siehe hierzu Staudenmayer, EuZW 2003, 165 ff.

renzrahmen sollte aus gemeinsamen Regeln und Definitionen bestehen. Diese sollten von der Kommission bei der Vorlage neuer Richtlinienvorschläge beziehungsweise der Überarbeitung bestehender Richtlinien im Bereich des Vertragsrechts sowie von Rat und Europäischem Parlament bei der Gesetzgebungsarbeit beachtet werden. Eine systematische Nutzung derselben Definitionen und Modellregeln sollte größtmögliche Kohärenz erzielen. Die anderen beiden Optionen zielten auf existierende Binnenmarktprobleme ab: Die zweite Option sah die Erarbeitung europaweiter Allgemeiner Geschäftsbedingungen vor, die Unternehmen an die Hand gegeben werden sollten. Schließlich wurden auch zum ersten Mal Überlegungen zu einem Optionalen Instrument[16] skizziert.

Nach Auswertung der Ergebnisse der auf den Aktionsplan folgenden Konsultation entschloss sich die Kommission in einer Mitteilung vom Oktober 2004,[17] alle drei Optionen weiterzuverfolgen. Das Schwergewicht lag dabei klar auf der **Erarbeitung** des **Gemeinsamen Referenzrahmens,** der zur Verbesserung der Kohärenz des existierenden und künftigen Gemeinschaftsrechts im Bereich des Vertragsrechts benutzt werden sollte. Die Kommission kündigte in der Mitteilung an, ein dreijähriges Forschungsvorhaben zu fördern, das zum Entwurf eines Gemeinsamen Referenzrahmens führen und unter anderem ein Netzwerk von Experten der betroffenen Interessengruppen zu schaffen, das die wissenschaftliche Arbeit mit Beiträgen aus der Praxis begleiten sollte. Die Mitteilung enthielt auch Angaben zu Struktur und Inhalt des Gemeinsamen Referenzrahmens. Die anderen beiden Optionen sollten daneben weiterverfolgt werden. Erwähnenswert ist, dass die Mitteilung hierbei in einem Anhang eine Reihe von Fragen zum Optionalen Instrument auflistete, die bei der Diskussion berücksichtigt werden sollten. Der erste Fortschrittsbericht[18] der Kommission erklärte kurz die bereits begonnenen Arbeiten des wissenschaftlichen Forschungsvorhabens und des Netzwerks der Experten der Interessengruppen. Im Übrigen war er bereits klar auf die Vorarbeiten der Kommission zur Überarbeitung der existierenden Verbraucherrichtlinien und damit die Vorbereitung des Entwurfs der Verbraucherrechterichtlinie ausgerichtet. Schließlich stellte dieser Bericht auch fest, dass die Kommission aus einer Reihe von Gründen die Option der Erarbeitung europaweiter Allgemeiner Geschäftsbedingungen nicht mehr weiter verfolgte. Der zweite Fortschrittsbericht[19] verstärkte die bereits im ersten Fortschrittsbericht auf die Verbesserung des Verbrauchervertragsacquis gelegte Betonung noch weiter. Das hing auch mit der zwischenzeitlich erfolgten Vorlage des Grünbuchs[20] der Kommission zu diesem Thema zusammen. Auch die Arbeiten des Netzwerks der Experten der Interessengruppen im Berichtszeitraum konzentrierten sich stark auf die entsprechenden Rechtsgebiete.

Die Forschungsarbeiten zu einem Entwurf eines Gemeinsamen Referenzrahmens führten im Jahre 2008 zu einem umfangreichen Text (DCFR)[21] geführt. Der Text bestand im Wesentlichen aus **Modellregeln** sowie den

[16] S. hierzu näher Staudenmayer, Optionales Instrument im Europäischen Vertragsrecht, ZEuP 2003, 828 ff.

[17] KOM (2004) 651 endg. Siehe hierzu Staudenmayer, EuZW 2005, 103 ff.

[18] KOM (2005) 456 endg. v. 23. 9. 2005.

[19] KOM (2007) 447 endg. v. 25. 7. 2007.

[20] KOM (2007) endg. v. 7. 2. 2007.

[21] Von Bar/Clive/Schulte-Nölke (Hrsg.), Principles, Definitions and Model Rules of European Private Law – Draft Common Frame of Reference (DCFR), München, 2009.

„Comments" und **„Notes"** genannten Kommentierungen und rechtsvergleichenden Hinweise. Er sah von Struktur und Inhalt wie der Entwurf eines Europäischen Zivilgesetzbuches aus. Dies erklärt sich im Wesentlichen daraus, dass die Kommission zur Förderung dieser Arbeiten das Sechste Forschungsrahmenprogramm gewählt hatte: Die Forschungsrahmenprogramme dienen der Förderung von Grundlagenforschung und erlauben den Forschern einen sehr weiten Spielraum bei der Durchführung ihrer Arbeiten.

Das Jahr 2010 brachte neuen Schwung und Kurs in die Arbeiten der Kommission zum Europäischen Vertragsrecht: Die **Barroso II – Kommission** und insbesondere die jetzt für das Projekt zuständige **Justizkommissarin Viviane Reding** stellten das Projekt in einen erweiterten politischen Zusammenhang. Dieser ergab sich aus der der Barroso II – Kommission zugrundeliegenden Europa 2020 – Strategie,[22] deren grundlegende Zielsetzung nachhaltiges Wachstum war. Eines der wesentlichen Mittel der EU, solches Wachstum zu erzielen, war eine bessere Ausnutzung der Möglichkeiten, die der europäische Binnenmarkt bietet. Wenn aber die Verschiedenheit der nationalen Vertragsrechte – unter vielen anderen Problemen – ein Hindernis darstellt, dann erscheint es durchaus als sinnvoll, die Bedeutung dieses Hindernisses für die Wirtschaftsakteure, die grenzüberschreitend tätig werden wollen, zu reduzieren.

Dementsprechend legte die Kommission im Juli 2010 ein **Grünbuch** zu den **weiteren Optionen** für die Einführung eines Europäischen Vertragsrechts für Verbraucher und Unternehmen vor,[23] das so ziemlich alle denkbaren Optionen abdeckte. Die interessanten Optionen waren die sogenannte „Toolbox",[24] ein Optionales Instrument und eine Richtlinie zur Harmonisierung.[25] Das Grünbuch gab eine – im Vergleich zu anderen Konsultationsdokumenten der Kommission sehr lange – Konsultationsfrist von sieben Monaten vor, um der Bedeutung des Konsultationsgegenstandes gerecht zu werden.

Bereits vor Verabschiedung des Grünbuchs hatte die Kommission eine **Expertengruppe** eingesetzt,[26] die eine Art **Machbarkeitsstudie** zu einem Instrument des europäischen Vertragsrechts erstellen sollte. Diese Machbarkeitsstudie sollte sicherstellen, dass ein Text von überschaubarer Länge (die ursprüngliche Zielsetzung waren 150 Artikel) möglich ist, der zwei (mitunter in Konflikt geratende) Zielsetzungen miteinander vereinbart: Einerseits sollte der Text so gut wie alle häufig in der grenzüberschreitenden Vertragspraxis auftauchenden Probleme abdecken, andererseits sollte er benutzerfreundlich und leicht zugänglich sein. Zusätzlich berief die Kommission ab September 2010 auch eine Gruppe von Rechtspraktikern ein, die von den europäischen Dach-

---

[22] KOM (2010) 2020 endg. v. 3. 3. 2010, S. 21.

[23] KOM (2010) 348 endg. v. 1. 7. 2010.

[24] Oder auch Werkzeugkasten. Der Name kommt daher, dass der Gemeinsame Referenzrahmen als eine Art Vorrat oder eben auch Werkzeugkasten an Modellregeln und –definitionen angesehen wurde, die von der Kommission sowie vom Europäischen Parlament und vom Rat in neuvorzulegende oder zu überarbeitende Rechtsakte (eventuell mit notwendigen Änderungen) eingebaut werden könnten.

[25] Das Grünbuch erwähnt hier nur den Ansatz der Minimalharmonisierung, aber eine Vollharmonisierung ist ebenso denkbar und wäre besser geeignet, die betreffenden Probleme zu lösen. Dementsprechend analysiert die Gesetzesfolgenabschätzung der Kommission auch eine Vollharmonisierungsrichtlinie.

[26] Beschluss der Kommission vom 26. 4. 2010 zur Einsetzung einer Expertengruppe für einen gemeinsamen Referenzrahmen im Bereich des europäischen Vertragsrechts, ABl. EG v. 27. 4. 2010, L 105/109.

verbänden der Industrie, des Handels, der Anwälte und Notare, der Verbraucher und im späteren Verlauf auch der Banken und Versicherungen benannt wurden. Diese Gruppe hatte die Aufgabe sicherzustellen, dass die Bedürfnisse der Praxis erfüllt sind. Das bedeutete vor allem, dass die praktisch relevanten Probleme – nicht mehr, aber auch nicht weniger – abgedeckt wurden und der Text so benutzerfreundlich wie möglich formuliert wurde.

Die Expertengruppe ihrerseits griff auf umfangreiche Vorarbeiten der europäischen und internationalen Rechtswissenschaft und -praxis zurück. Zunächst ist hier der **DCFR** zu nennen, der die wichtigste Grundlage der Arbeit der Expertengruppe war. Seine **Modellregeln** liegen den meisten Bestimmungen zugrunde. Weitere Quellen waren die Principles of European Contract Law,[27] die Unidroit–Principles,[28] das UN- Kaufrecht (CISG)[29] und die Arbeiten einer französischen Forschergruppe.

Die **Expertengruppe** traf sich im Zeitraum von Mai 2010 bis April 2011 einmal monatlich, wobei die Länge der Sitzungen gegen Ende der Arbeiten zunahm; die letzte Sitzung erstreckte sich über zweieinhalb Tage. Die **Arbeitsgruppe der Rechtspraktiker** traf sich ebenfalls monatlich[30] jeweils für einen halben Tag, meist am Nachmittag des Vortages oder am Vormittag des ersten Sitzungstages der Expertengruppe. Ab September 2010 arbeiteten beide Gruppen nach einem bestimmten Schema. Ein Mitglied der Expertengruppe als Berichterstatter bereitete einen ersten Entwurf für ein bestimmtes Rechtsgebiet vor. In manchen Fällen waren es mehrere Berichterstatter, die zusammen an einem Thema arbeiteten oder der Berichterstatter wurde von einer Untergruppe unterstützt. Der erste Entwurf enthielt in aller Regel Formulierungsvorschläge für die Vorschriften, zumeist auf der Grundlage des DCFR. Die Formulierungsvorschläge wurden jeweils begründet, wobei die Punkte, die nach Ansicht des Berichterstatters einer Diskussion in der Gruppe bedurften, besonders hervorgehoben waren. Der Entwurf zirkulierte und die anderen Experten machten Kommentare oder Änderungsvorschläge. Nach einer ersten Diskussion in der Gruppe überarbeitete der Berichterstatter den Entwurf und die Arbeitsgruppe der Rechtspraktiker diskutierte den Text. Auf der Grundlage des überarbeiteten Entwurfs und der Schlussfolgerungen der Arbeitsgruppe der Rechtspraktiker befasste sich die Expertengruppe mindestens ein weiteres Mal mit dem Text; einige Kapitel wurden auch noch häufiger diskutiert. Nach der jeweils letzten Diskussion in der Expertengruppe wurde der betreffende Text einem Drafting Committee zugeleitet, das aus drei Mitgliedern der Expertengruppe sowie Beamten der Europäischen Kommission bestand. Es hatte die Aufgabe, redaktionelle Details zu diskutieren, die das Plenum der Expertengruppe an das Drafting Committee verwiesen hatte, und die endgültigen Formulierungen des englischsprachigen Originals festzulegen. Die Kommission hatte den Vorsitz in allen diesen Gruppen inne, sie bestimmte die Tagesordnung und verfasste Protokolle der Expertengruppensitzungen und Schlussfolgerungen der Arbeitsgruppe der Rechtspraktiker. Letztere sowie Zusammenfassungen der Protokolle der Expertengruppensitzungen wurden auf der Webseite der Generaldirektion Justiz[31] veröffentlicht.

---

27) *Lando/Beale* (Hrsg.), Principles of European Contract Law, Parts I and II, 2000, Part III.
28) Unidroit-Principles Of International Commercial Contracts, 2004.
29) United Nations Convention on the International Sale of Goods
30) Außer im Monat September 2010 mit zwei Sitzungen.
31) http://ec.europa.eu/justice/contract/files/feasibility-study_en.pdf.

Der **Text** der **Expertengruppe** wurde Ende April 2011 fertig gestellt und mit einer Einführung der Kommission am 3. 5. 2011 auf der Website der Generaldirektion Justiz veröffentlicht. Alle interessierten Kreise hatten die Möglichkeit innerhalb von zwei Monaten hierzu Stellung nehmen.

Der **Text** des **Verordnungsvorschlages** fußt weitgehend auf der Arbeit der Expertengruppe. Allerdings nahm die Kommission im Vergleich zum Text der Expertengruppe natürlich eine Reihe von Änderungen vor: Die wichtigsten betrafen vor allem die einleitenden Vorschriften zum Anwendungsbereich, die die Kommission verfasste sowie die Hinzufügung der Regeln zum Erwerb von digitalen Produkten. Daneben wurden aber noch eine ganze Reihe von anderen Änderungen vorgenommen, die substanzieller und redaktioneller Natur waren. Die substanziellen Änderungen sind auch auf die Beiträge zurückzuführen, die die Kommission während der zweimonatigen Konsultation zum Expertengruppentext erhalten hat und die sie zur Verbesserung des Textes aufnahm.

C. Inhalt

Von der Struktur her besteht der Text des GEKR vor allem aus der einleitenden Verordnung selbst, die im Wesentlichen übergreifende Regelungen wie etwa zum Anwendungsbereich, zur Vereinbarung zur Wahl des GEKR oder zum Verhältnis zum Internationalen Privatrecht und Einheitsprivatrecht sowie die Rechtsgrundlage enthält. Das materielle Kernstück ist dann das GEKR selbst im Anhang I der Verordnung.

I. Anwendungsbereich

Der Anwendungsbereich des GEKR wird in den Artikeln 4–7 der Verordnung zum GEKR (GEKR-VO) und den dazugehörigen Definition des Art. 2 GEKR-VO auf mehreren Ebenen beschrieben.

Zunächst einmal umfasst der **sachliche Anwendungsbereich** vor allem Kaufverträge über Waren, d. h. bewegliche, körperliche Gegenstände. Diesbezüglich lehnt sich das GEKR im wesentlichen an die Verbraucherrechterichtlinie und die Richtlinie zum Verbrauchsgüterkauf an. Zudem erfasst das GEKR ebenso wie die letztere Richtlinie[32] Werklieferungsverträge.

Der Anwendungsbereich des GEKR geht aber in mehreren Punkten über den Kauf von beweglichen, körperlichen Gegenständen hinaus. Dies betrifft vor allem die Einbeziehung von digitalen Produkten. Im Vergleich zum Text der Expertengruppe, der den Arbeiten der Kommission zugrunde lag, ist die Ausweitung des Anwendungsbereiches und die Einfügung der digitale Produkte betreffenden Bestimmungen wohl eine der wichtigsten Änderungen, die die Kommission vornahm. Damit reagiert der Verordnungsvorschlag im Wesentlichen auf die Probleme, die Verbraucher ausweislich von von der Kommission lancierter Studien beim Kauf dieser Produkte haben. Zudem ist jene Ausweitung des Anwendungsbereiches auch eine logische Parallelität zum Einschluss von digitalen Produkten, den der Gemeinschaftsgesetzgeber bei der Verabschiedung der Verbraucherrechterichtlinie vorgenommen hat.

---

32) Vgl. im Einzelnen Staudenmayer in: Grundmann/Medicus/Rolland (Fn. 14), S. 31 f.

Darüber hinaus reflektiert dies aber auch die wirtschaftliche Bedeutung dieser Produkte. Schließlich ist der elektronische Geschäftsverkehr, in dem diese Produkte zumeist vertrieben werden, einer der Bereiche, die wesentlich vom GEKR profitieren sollen. Diese Zielsetzung der Kommission hatte sich schon vor der Verabschiedung des Kommissionsvorschlages in der Digitalen Agenda der Kommission widergespiegelt, die das optionale Instrument in diesem Zusammenhang angekündigt hatte.[33)]

Weiterhin werden aber auch **bestimmte Werkverträge** miteinbezogen, die im GKR „verbundene Dienstleistungen" genannt werden. Hier ist allerdings das Bemühen der Kommission erkennbar, die unter das GEKR fallenden Werkverträge weitgehend einzuschränken. Es sollen wirklich nur solche Werkverträge mit einbezogen werden, die wirtschaftlich so eng mit dem Kaufvertrag verbunden sind, dass eine Trennung aus der Sicht des juristischen Laien unverständlich wäre. Deshalb sind nach Art. 5 c), 2 m) GEKR-VO nur solche Verträge umfasst, die vom Käufer mit dem Verkäufer zur gleichen Zeit wie der Kaufvertrag abgeschlossen werden. Dabei ist es allerdings unerheblich, ob die Vereinbarung über die verbundenen Dienstleistungen mit dem Kaufvertrag zusammen oder in einem getrennten Vertrag erfolgt oder ob ein getrennter Preis berechnet wird.

Mischverträge, die neben einem Kauf noch andere Elemente als die bereits genannten enthalten, sind von der Anwendung des GEKR ausgeschlossen. Das liegt einfach daran, dass das GEKR für solche anderen Elemente keine Regeln bereithält. Ausdrücklich ausgeschlossen sind auch **Kaufverträge, bei denen Ratenzahlung vereinbart** wurde. Der Grund ist, dass diese Verträge nicht reine Kaufverträge sind, sondern ein Kreditelement enthalten und deshalb in den Anwendungsbereich der Verbraucherkreditrichtlinie fallen. Diese Richtlinie nimmt aber eine teilweise sehr detaillierte Vollharmonisierung vor. Wenn man solche Verträge in den Anwendungsbereich der GEKR-VO einbezogen hätte, wäre es einerseits nötig gewesen, die teilweise sehr detaillierten vorvertraglichen und vertraglichen Informationspflichten aus der Verbraucherkreditrichtlinie, z. B. zum effektiven Jahreszins, mit einzubeziehen. Andererseits haben die Mitgliedstaaten bei der Umsetzung dieser Bestimmungen aber so wenig Spielraum, dass die nationalen Rechte sowieso so gut wie identisch sind. Daher erscheint es in der Tat als nicht erforderlich, diese Bestimmungen in das GEKR zu übernehmen. Diesbezüglich kann man ohne Weiteres die Regelungen des entsprechend anwendbaren nationalen Rechts zur Anwendung kommen lassen.

Der **persönliche Anwendungsbereich** leitet sich aus den Problemen ab, die dem GEKR zugrunde liegen. Die momentan noch bestehenden Binnenmarkthindernisse in Form von Transaktionskosten lasten vor allem auf kleineren und mittleren Unternehmen und haben negative Auswirkungen auf Verbraucher. Daher umfasst der persönliche Anwendungbereich in erster Linie Verträge, bei denen diese beiden Zielgruppen beteiligt sind, d. h. Verbraucherkaufverträge sowie Verträge zwischen kleinen und mittleren Unternehmen sowie zwischen letzteren und großen Unternehmen. Zur Definition von kleinen und mittleren Unternehmen verwendet der Vorschlag in Art. 7 Abs. 2 GEKR-VO die Definition und Kriterien der bestehenden Kommissionsemp-

---

[33)] KOM (2010) 245 endg., 26. 8. 2010, S. 13, 37.

fehlung,[34] auf die auch in Erwägungsgrund 21 verwiesen wird. Hinsichtlich des persönlichen Anwendungsbereiches gestattet das GEKR es in Art. 13 b) GEKR-VO den Mitgliedstaaten ausdrücklich seine Anwendung auch auf Handelskaufverträge auszudehnen, die zwischen Großunternehmen geschlossen werden. Diese ausdrückliche Erlaubnis hat eigentlich nur deklaratorische Bedeutung, denn die Mitgliedstaaten könnten auch ohne sie ein entsprechend anwendbares Recht für diese Verträge zwischen Großunternehmen schaffen. Die eigentliche Bedeutung dieser Erlaubnis ist aber praktischer Natur: Wenn nur ein einziger Mitgliedstaat diese Möglichkeit nutzt, können alle europäischen Großunternehmen das GEKR nutzen. Der Grund liegt in der durch Art. 3 Abs. 1 der Rom I – Verordnung gewährten Rechtswahlfreiheit, nach der Unternehmen völlig frei sind, das auf ihren Vertrag anwendbare Recht zu wählen.

Der **geographische Anwendungsbereich** umfasst nach Art. 4 GEKR-VO grenzübergreifende Verträge. Für Verbraucherverträge ist dieser Begriff relativ weit gefasst. Er umfasst Verträge, bei denen schon eines der in Art. 4 Abs. 3 (a) GEKR-VO genannten Merkmale, also die Adresse des Verbrauchers, die Liefer- oder die Rechnungsanschrift in einem anderen Land als dem des Verkäufers sind. Damit könnte etwa ein Verbraucher mit deutschem Wohnsitz bei einem deutschen Händler ein Geschenk für eine Lieferung nach Österreich bestellen und hierfür das GEKR wählen. Auch hier gewährt Art. 13 a) GEKR-VO den Mitgliedstaaten ausdrücklich die Möglichkeit, das GEKR auch auf rein innerstaatliche Verträge auszudehnen.

Die **Definitionen** des GEKR lehnen sich, wo möglich, im Allgemeinen relativ eng an den existierende Gemeinschaftsgesetzgebung an. Änderungen wurden nur dort vorgenommen, wo sie zur Verbesserung beziehungsweise Anpassung an die GEKR-VO unerlässlich waren.

II. Vereinbarung zur Wahl des GEKR

Die Regelungen über die Vereinbarung zur Wahl des GEKR in Artikeln 8–10 GEKR-VO dienen im Wesentlichen dem **Verbraucherschutz** und haben den Zweck, sicherzustellen, dass der Verbraucher bei der Wahl des GEKR eine **informierte Entscheidung** trifft.

Zunächst einmal kann die Vereinbarung zur Wahl des GEKR nicht in den Allgemeinen Geschäftsbedingungen des Kaufvertrages erfolgen, sondern die **Wahl** muss nach Artikel 8 Abs. 2 der GEKR-VO **ausdrücklich** und **getrennt vom Verbrauchervertrag** erfolgen. Der Verbraucher erhält hierzu eine Bestätigung, die es ihm erlaubt, nachträglich zu beweisen, dass das GEKR gewählt wurde.

Das zentrale Element des Verbraucherschutzes ist das in Artikel 9 Abs. 1 und Anhang II der GEKR-VO eingeführte **Standard-Informationsblatt,** das der Unternehmer dem Verbraucher vor der Vereinbarung zur Wahl des GEKR aushändigen muss. Dieses in allgemein verständlicher Sprache gehaltene Informationsblatt soll es dem Verbraucher gestatten, sich darüber zu informieren, auf welches Recht als Grundlage seines Vertrages er sich einlässt. Da das Informationsblatt in allen Sprachen zur Verfügung steht, hat der Unternehmer nur vernachlässigbare Kosten und es sollte schon von daher kein

---

[34] Kommissionsempfehlung 2003/361 v. 6. 5. 2003, ABl. EG L 124, v. 20. 5. 2003, S. 36.

Problem für ihn sein, den Verbraucher mit Hilfe dieses Informationsblattes zu informieren. Er hat zudem noch einen starken Anreiz, dieses Informationsblatt auszuhändigen. Wenn er es nämlich nicht tut, so ist der Verbraucher erst an die Vereinbarung zur Wahl des GEKR gebunden, wenn er das Informationsblatt und die bereits erwähnte Bestätigung erhalten und der Vereinbarung zur Wahl des GEKR ausdrücklich zugestimmt hat.

III. Verhältnis zum Internationalen Privatrecht und CISG

Wie bereits dargelegt, ist der Sinn und Zweck der Wahl des GEKR, **sicherzustellen, dass** das GEKR – und **nur das GEKR** – auf den jeweiligen Vertrag **Anwendung findet.** Dieser zentrale Grundsatz als Folge der Wahl des GEKR ist in Art. 11 GEKR-VO festgelegt. Andernfalls würde jegliches wirtschaftliches Interesse an der Wahl des GEKR wegfallen, weil die Unternehmen noch die bereits erwähnten Transaktionskosten hätten.

In Verbraucherverträgen kann nach Art. 8 Abs. 3 GEKR-VO auch immer nur das gesamte GEKR gewählt werden; ein „Rosinenpicken" soll nicht stattfinden. In diesem Zusammenhang sollte auch der allgemeine **Grundsatz der Vertragsfreiheit und seine Ausnahmen** in Art. 1 GEKR erwähnt werden. Bei Handelsverträgen stellen fast alle und bei Verbraucherverträgen die meisten Bestimmungen dispositives Recht dar, das von den Vertragsparteien geändert werden kann. Hauptsächlich die Bestimmungen, die einen spezifisch verbraucherschützenden Charakter aufweisen, sind als zwingendes Recht ausgestaltet. Vereinfacht ausgedrückt bedeutet dies, dass dort wo sich Verbraucher in einer Situation des strukturellen Ungleichgewichts befinden, die jeweiligen Bestimmungen zwingend ausgestaltet sind. Wenn dies der Fall ist, wird dies entweder in der betreffenden Bestimmung beziehungsweise dem betreffenden Abschnitt oder Kapitel durch eine gleichlautende Bestimmung ausdrücklich festgestellt. Das Zusammenspiel zwischen Art. 8 Abs. 3 GEKR-VO und Art. 1 GEKR ergibt, dass in Handelsverträgen die Vertragsparteien (mit Ausnahme der wenigen zwingenden Bestimmungen) das anwendbare Recht weitestgehend ändern und sogar ganze Teile weglassen oder ergänzen können. In Verbraucherverträgen können die Parteien im Wesentlichen bei den Bestimmungen des allgemeinen Vertragsrechts Änderungen vornehmen, während die Bestimmungen, die die Rechte des Verbrauchers ausgestalten, nicht revidiert werden können.

Wie kommt man nun aus der Sicht des **Internationalen Privatrecht** zur **Anwendung des GEKR?** Die Antwort liegt in der Natur des GEKR als zweites Kaufrechtsregime in jedem Mitgliedstaat: Zunächst einmal muss nach den ganz normalen Regeln des Internationalen Privatrechts, das bedeutet im Wesentlichen der Rom I – Verordnung, das anwendbare Recht bestimmt werden. Dies kann entweder über die normale Rechtswahl nach Artikel 3 der Verordnung oder über die Regeln nach Artikel 4 der Verordnung geschehen. Dies führt im ersten Fall in der Regel, im zweiten Fall immer zur Anwendung des Rechts des Verkäufers, des Lieferanten des digitalen Produkts oder des Dienstleistungserbringers. Man kann aber auch unter den Bedingungen des Art. 6 Abs. 1 der Rom I – Verordnung zur Anwendung des Rechtes des Verbrauchers kommen. Innerhalb des jeweilig anwendbaren nationalen Rechts können die Parteien dann das zweite nationale Kaufrechtsregime, das GEKR, wählen.

Ein wesentliches Problem, das in der gegenwärtigen Situation Kosten schafft, nämlich die Notwendigkeit, nach Art. 6 Abs. 2 der Rom I – Verordnung zu überprüfen, ob die zwingenden Regeln des Rechtes des Wohnsitzlandes des Verbrauchers ein höheres Verbraucherschutzniveau einfordern als das von den Parteien gewählte, entfällt hier. Das GEKR enthält **zwingende Regeln** des **Verbraucherschutzes;** diese Regeln sind aber wegen der unmittelbaren Anwendbarkeit des in Form einer Verordnung gegossenen GEKR in allen Mitgliedstaaten identisch. Ein Unterschied im Verbraucherschutzniveau zwischen den jeweiligen nationalen zweiten Kaufrechtsregimes, der für Art. 6 Abs. 2 der Rom I – Verordnung relevant wäre, kann also nicht auftreten.

Die ausschließliche Anwendung des GEKR kann natürlich nur soweit gelten, als sein **sachlicher Anwendungsbereich** reicht. Deshalb enthalten die Erwägungsgründe 26–29 sowie Art. 4 GEKR und 12 GEKR-VO eine Reihe von Klarstellungen, die Abgrenzungen in zwei Richtungen verdeutlichen:

Zunächst einmal ist das GEKR nur für die Rechtsgebiete ausschließlich anwendbar, die in ihm geregelt sind. Die wesentlichen, für in grenzüberschreitende Verträge als problematisch auftauchenden Rechtsgebiete sind ins GEKR aufgenommen. Einige Rechtsgebiete des Vertragsrechts, die entweder in grenzüberschreitenden Verträgen als weniger problematisch angesehen werden – wie etwa die Stellvertretung oder die Aufrechnung – oder angesichts ihres Regelungsgegenstandes innerhalb der nationalen Rechtsordnung als besonders sensibel angesehen werden – so etwa der Minderjährigenschutz oder die Sittenwidrigkeit von Verträgen – sind nicht vom Anwendungsbereich des GEKR erfasst. Nicht unmitttelbar vertragsrechtsrelevante Gebiete des Zivilrechts – so unter anderem das Sachen- und Deliktsrecht – oder Regelungen des öffentlichen Rechts sind ebenfalls nicht erfasst. Das gilt für auch für Regelungen, bei denen sich diese Gebiete mit dem Vertragsrecht überschneiden. Beispiele hierfür sind der Eigentumsvorbehalt oder die Frage, ob deliktsrechtliche Ansprüche neben vertragsrechtlichen Ansprüchen geltend gemacht werden können. Für alle diese Bereiche, die nicht im GEKR geregelt sind, findet das nach den normalen Regeln des Internationalen Privatrechts zuständige nationale Recht Anwendung.

Ein besonderer Abgrenzungsfall ist noch in Art. 12 geregelt, der die **Informationspflichten** aus der **Dienstleistungsrichtlinie**[35] als weiterhin anwendbar erklärt. Die parallele Anwendung dieser Richtlinie ist deshalb unproblematisch, weil sie auf dem Ursprungslandprinzip aufbaut und daher sich die betreffenden Informationspflichten bezüglich der verbundenen Dienstleistungen aus dem Heimatrecht des Dienstleistungserbringers ergeben. Somit greift nicht die dem GEKR zugrundeliegende Problematik der Berücksichtigung fremder Vertragsrechte ein.

Die zweite Abgrenzungsfrage, die Art. 4 GEKR beantwortet, ist die nach den **Lücken** der Regelungen im GEKR. Wenn ein Vertragsrechtsgebiet vom GEKR geregelt ist, bedeutet die alleinige Anwendung des GEKR auch, dass die Lösung ausschließlich im GEKR gefunden werden muss. Für den Fall, dass das betreffende Problem nicht im GEKR ausdrücklich geregelt ist, muss nach Art. 4 GEKR die Lösung im Wege der Auslegung des GEKR – und nur des GEKR – gefunden werden. Dieser Ansatz ist dem des CISG vergleichbar,[36]

---

[35] Art. 22 der Richtlinie 2006/123/EG des EP und des Rates vom 12. Dezember 2006 über Dienstleistungen im Binnenmarkt, ABl. EG L 376 v. 27. 12. 2006, S. 36.

[36] Art. 7 Abs. 2 CISG.

wobei im Unterschied zum CISG wegen der auschließlichen Anwendung des GEKR in diesen Fragen hilfsweise kein Rückgriff auf das nationale Recht möglich ist. Dieser Unterschied zum CISG ist nötig, da sonst nationale Rechtsanwender auf die Idee kommen könnten, im Wege der Lückenfüllung doch wieder nationales Recht zur Anwendung zu bringen. Eine solche Rechtspraxis würde aber ganz fundamental dem Sinn und Zweck des GEKR zuwiderlaufen.

Die Frage der möglichen **Konkurrenz** des **GEKR** mit dem **CISG,** in der Praxis hauptsächlich für die Fälle des Handelskaufes, als einzig hier relevantem Fall des internationalen Einheitsprivatrechts wird durch Erwägungsgrund 25 beantwortet. Dieser Erwägungsgrund ist in Zusammenhang mit Art. 6 CISG zu sehen. Das CISG folgt im Unterschied zum GEKR nicht einem opt-in, sondern einem opt-out Ansatz und findet damit (vor allem) bei internationalen Handelskäufen automatisch Anwendung. Nach Art. 6 CISG können die Parteien die Anwendung des CISG auschließen. Erwägungsgrund 25 stellt in diesem Zusammenhang klar, dass eine Wahl des GEKR als impliziter Ausschluss des CISG auszulegen ist.

IV. Rechtsgrundlage

Die Rechtsgrundlage der GEKR-VO ist Art. 114 AEUV. Die Wahl dieser Rechtsgrundlage wirft im Wesentlichen drei Fragen auf:

Die erste Frage war, ob die **Voraussetzungen der Tabak-Rechtsprechung des EuGH**[37] und **damit des Art. 114 AEUV** gegeben sind. Der EuGH hatte in dieser Entscheidung zunächst einmal grundsätzlich festgestellt, dass der damalige Art. 95 EGV und jetzige Art. 114 AEUV dem Gemeinschaftsgesetzgeber keine allgemeine Kompetenz zur Regelung des Binnenmarktes gewährt und dass die bloße Feststellung von Unterschieden zwischen den nationalen Vorschriften und die abstrakte Gefahr von Beeinträchtigungen der Grundfreiheiten oder daraus möglicherweise entstehende Wettbewerbsverzerrungen nicht als Rechtfertigung für Rechtsakte auf der Grundlage des Art. 114 AEUV ausreichen. Vielmehr ist es erforderlich, dass der betreffende Gemeinschaftsrechtsakt tatsächlich den Zweck hat, die Voraussetzungen für die Errichtung und das Funktionieren des Binnenmarktes zu verbessern. Er muss demzufolge tatsächlich zur Beseitigung von Hemmnissen des freien Warenverkehrs und der Dienstleistungsfreiheit sowie von Wettbewerbsverzerrungen beitragen. Dabei kann es auch um zukünftige Handelshemmnisse gehen, allerdings muss die Entstehung solcher Hindernisse wahrscheinlich sein. Eventuelle Wettbewerbsverzerrungen müssen nicht nur geringfügig sein, sondern der Rechtsakt müsste zur Beseitigung spürbarer Wettbewerbsverzerrungen beitragen. Die in der Folge des Urteils zur ersten Tabakrichtlinie ergangenen Entscheidungen[38] des EuGH berufen sich auf die genannten Grundsätze.

---

[37] EuGH, Urt. v. 5. 10. 2000, Rs. C – 376/98 Deutschland/Europäisches Parlament und Rat, Slg. I – 8419, Tz. 83 ff.

[38] EuGH, Urt. v. 9. 10. 2001, Rs. C – 377/98 Niederlande/Europäisches Parlament und Rat, Slg. I – 7079, Tz. 15 ff. und v. 10. 12. 2002, Rs. C – 491/01 The Queen/Secretary of State for Health, ex parte: British American Tobacco (Investments) Ltd. und Imperial Tobacco Ltd., Slg. I – 11 453, Tz. 58 ff.; v. 12. 12. 2006, Rs. 380/03 Bundesrepublik Deutschland/Europäisches Parlament u. Rat, Slg. I-11 573, Tz. 37 f.; v. 8. 6. 2010, Rs. C – 58/08/ Vodafone/Secretary of State for Business, Enterprise and Regulatory Reform, Tz. 32 ff.

Die Erwägungsgründe und die Gesetzesfolgenabschätzung der Kommission, die der EuGH für die Erörterung dieser Frage heranzieht,[39] weisen hier auf zwei Begründungsstränge hin: Wie bereits dargelegt, begründen zum einen die unterschiedlichen zwingenden Rechtsvorschriften im Bereiche des Verbraucherschutzes juristische Hindernisse für den freien Warenverkehr. Zum anderen führen die materiellen Rechtsunterschiede sowohl im Bereich des Verbraucherkaufs als auch im Bereiche des Handelskaufes zu wirtschaftlichen Hemmnissen in Form von Transaktionskosten, die sich vor allem unverhältnismäßig stark auf kleine und mittlere Unternehmen auswirken.

Der Vorschlag wird diese Hemmnisse dadurch beseitigen, dass er es nach seinem Inhalt und Ziel[40] Unternehmen und Verbrauchern ermöglicht, ein einziges Rechtsinstrument für grenzüberschreitende Verträge zu verwenden, unabhängig davon, in welche oder wie viele Mitgliedstaaten exportiert wird.

Die zweite Frage hinsichtlich der Rechtsgrundlage ist, ob nicht statt **Art. 114 EUV** eher **Art. 352 AEUV** hätte gewählt werden müssen, weil es sich um einen der Europäischen Genossenschaft vergleichbaren Fall handelt. Für die Europäische Genossenschaft hatte der EuGH als Rechtsgrundlage Art. 352 AEUV bejaht, weil eine neue Rechtsform geschaffen wurde, die die nationalen Genossenschaften überlagert, mit dem Effekt, dass z. B. deren Sitz etwa von einem in einen anderen Mitgliedstaat verlagert werden kann, ohne dass diese Verlegung zu ihrer Auflösung oder zur Gründung einer neuen juristischen Person führen würde.[41]

Hier ist zunächst einmal festzustellen, dass es sich nach der ständigen Rechtsprechung des EuGH[42] bei **Art. 352 EUV** um eine **subsidiäre Rechtsgrundlage** handelt, die nur dann anwendbar ist, wenn keine andere Rechtsgrundlage, insbesondere nicht Art. 114 AEUV, einschlägig ist. Letzteres ist aber nicht der Fall, denn Art. 114 AEUV findet Anwendung.

Im Gegensatz zur Europäischen Genossenschaft handelt es sich beim GEKR nicht um eine neue Rechtsform. Die Parteien wählen nicht einen, vom nationalen Kaufvertrag konzeptionell unterschiedlichen „Europäischen Kaufvertrag", sondern ein zweites Kaufrecht, das über die unmittelbar anwendbare GEKR-VO in das jeweilige nationale Recht eingefügt wird und die bisher existierenden Kaufvertragsregeln ergänzt. Die Parteien wählen also ein zweites nationales Kaufrecht, bei dem nur zum Beispiel das Zustandekommen des Vertrages sowie die Rechte und Pflichten des Parteien von anderen Regeln bestimmt werden als bei den bisher existierenden Kaufvertragsregeln. Zudem wählen die Parteien nicht direkt europäisches Recht als Grundlage ihres Vertrages, sondern kommen zum GEKR nur über die Bestimmung des nationalen Rechts nach den Regeln der Rom I – Verordnung. Das jeweilig anwendbare nationale Recht bleibt neben dem GEKR als zweitem Kauf-

---

[39] EuGH, Urt. v. 8. 6. 2010, Rs. C – 58/08 Vodafone/Secretary of State for Business, Enterprise and Regulatory Reform, Tz. 38 f., 43, 55, 65.

[40] Die nach ständiger Rechtsprechung des EuGH (s. Urt. v. 3. 9. 2009, Rs. C 166/07 Europäisches Parlament/Rat, Slg. I – 7135, Tz. 42; v. 29. 4. 2004, Rs. C – 338/01 Kommission/ Rat, Slg. I – 4829, Tz. 54 mwN.)) die maßgebenden Faktoren sind.

[41] EuGH, Urt. v. 2. 5. 2006, Rs. C – 436/03 Europäisches Parlament/Rat, Slg. I – 3733, Tz. 40 ff. Vgl. auch EuGH, Gutachten v. 15. 11. 1994, 1/94, Slg. I – 5267, Tz. 59 zur Gemeinschaftsmarke.

[42] EuGH, Urt. v. 3. 9. 2009, Rs. C – 166/07 Europäisches Parlament/Rat, Tz. 40; v. 2. 5. 2006, Rs. 436/03 Europäisches Parlament/Rat, Tz. 36; v. 28. 5. 1998, Rs. C – 22/96, Europäisches Parlament/Rat, Tz. 22; v. 12. 11. 1996, Rs. C – 84/94 Vereinigtes Königreich/ Rat, Tz. 48 mwN.

rechtsregime im Hintergrund immer anwendbar, da das GEKR nicht alle denkbaren, auftretenden Probleme regelt.

Die GEKR-VO ändert das nationale Recht insofern nicht, als das bisher existierende nationale Kaufrecht unverändert bestehen bleibt. Sie gleicht aber die nationalen Rechte an,[43] da sie dieses zweite Kaufrecht in jedes nationale Recht einführt.

In diesem Zusammenhang ist das Vorbringen des Rates im Verfahren über die Europäische Genossenschaft interessant. Der Rat, der die Rechtsgrundlage des Art. 352 AEUV beschlossen hatte, hatte argumentiert, dass eine Maßnahme nach Art. 114 AEUV zwingend zu einem Ergebnis kommen müsse, das durch den gleichzeitigen Erlass einer identischen Regelung in jedem Mitgliedstaat hätte erreicht werden können.[44] Genau das ist hier der Fall: So hätte das GEKR auch über eine Vollharmonisierungrichtlinie eingeführt werden können, bei der die Mitgliedstaaten so gut wie keinen Umsetzungsspielraum gehabt hätten. Eine Verordnung ist sinnvoller, weil sie aufgrund ihrer unmittelbaren Anwendbarkeit klar macht, dass der Wortlaut der verschiedenen jeweils zweiten Kaufrechtsregime in den einzelnen Mitgliedstaaten exakt derselbe ist.

Die dritte Frage schließlich war, ob zusätzlich zu Art. 114 AEUV ein **Rückgriff** auf **Art. 81 AEUV** erforderlich war, weil hier eventuell materiell die Rom I –Verordnung geändert würde. Letztere Frage erübrigt sich aber aufgrund des unter III. dargelegten Verhältnisses zur Rom I – Verordnung. Da die Rom I – Verordnung weiter zur Bestimmung des anwendbaren Rechts benutzt wird und die Wahl des GEKR innerhalb des dann anwendbaren nationalen Rechts erfolgt, ist eine Änderung nicht nötig. Auch Art. 6 Abs. 2 der Rom I – Verordnung, der zu einem Vergleich des Schutzniveaus der verschiedenen zwingenden, verbrauchervertragsrechtlichen Regelungen führt, findet weiter Anwendung. Wie aber bereits dargelegt, ist er in einem Vergleich zwischen den identischen zwingenden Bestimmungen der nationalen Fassungen des GEKR nicht operationell.

Die Prinzipien der Subsidiarität und Verhältnismäßigkeit sind auch gewahrt. Das Ziel, ein einziges, identisches Kaufrecht zu schaffen, dass Unternehmen und Verbraucher für grenzüberschreitende Verträge benutzen können, unabhängig davon in welche Mitgliedstaaten exportiert wird, ist durch Rechtsetzung in den einzelnen Mitgliedstaaten praktisch nicht erreichbar, sondern kann nur durch europäische Rechtsetzung erreicht werden. Damit entspricht die GEKR – VO dem Subsidiaritätsgrundsatz.

Dem Verhältnismäßigkeitsgrundsatz trägt die GEKR-VO in ganz besonderer Weise Rechnung. Zunächst einmal ist die Beschränkung des Anwendungsbereiches auf die Gebiete, bei denen die Probleme besonders deutlich hervortreten, das heisst bei grenzübergreifenden Verträge und in Bezug auf Handelsverträge bei solchen, bei denen KMU beteiligt sind, ein besonderer Ausdruck des Verhältnismäßigkeitsprinzips. Zum anderen wird vor allem keine Vollharmonisierung, die das nationale Recht ersetzt und den Parteien ein neues

---

[43] Nach der Rechtsprechung des EuGH (Urt. v. 6. 12. 2005, Rs. C 66/04, Tz. 45; v. 2. 5. 2006, Rs. C – 217/04 Vereinigtes Königreich/Europäisches Parlament und Rat, Slg. I – 3771, Tz. 43) räumt der Ausdruck "Maßnahmen zur Angleichung" dem Gemeinschaftsgesetzgeber einen Ermessensspielraum hinsichtlich der zur Erreichung eines angestrebten Ergebnisses am besten geeigneten Angleichungstechnik ein.

[44] EuGH, Urt. v. 2. 5. 2006, (Fn. 45), Tz. 32.

Recht auferlegt ob sie nun exportieren wollen oder nicht, vorgeschlagen. Vielmehr wird ein optionales Instrument vorgelegt, das die Parteien wählen können, wenn sie es wollen. Dies bedeutet, dass die entsprechenden Eingriffe in nationales Recht auf ein Minimum beschränkt werden.

V. Materielle Regelungen des GEKR

Es ist nicht die Aufgabe dieser Einführung, eine Erläuterung der 186 Artikel mit den materiellen Bestimmungen des GEKR zu geben. Dies ist einer späteren Kommentierung zu überlassen.[45] Trotzdem sollen hier kurz die Grundstruktur des GEKR sowie zwei wesentliche Weichenstellungen erklärt werden:

1. Struktur

Das GEKR soll einerseits alle praktisch relevanten Probleme, die in grenzübergreifenden Verträgen in der Regel auftauchen, lösen. Auf der anderen Seite sollte es so **benutzerfreundlich** wie möglich gestaltet sein. Hierin liegt natürlich ein nicht perfekt zu lösendes Zielkonflikt. Die erstere Zielsetzung ruft nach detaillierten und umfassenden Regelungen, während die zweite auf möglichst knapp und einfach gefasste Bestimmungen von sehr überschaubarer Gesamtlänge hinauslaufen würde. Das GEKR stellt demzufolge in mehrerer Hinsicht einen Kompromiss in Form eines **pragmatischen Ansatzes** dar, der vor allem auf die **Bedürfnisse** der **Praxis** abstellt.

Dieser pragmatische Ansatz drückt sich zunächst einmal in der **Auswahl der zu regelnden Vertragsrechtsgebiete** aus. Während die zentralen Gebiete, die für die in der Praxis meisten Streitfälle von Bedeutung sind, abgedeckt sind, fallen andere wie die Stellvertretung oder die Aufrechnung aus dem Anwendungsbereich heraus. Wesentliche, mit dem Vertragsrecht zusammenhängende Bereiche wie der Eigentumsübergang oder ein umfassendes Recht der ungerechtfertigten Bereicherung sind ebenso nicht enthalten.

Auch die **Formulierung der jeweiligen Bestimmungen** versucht in doppelter Weise, auf Bedürfnisse der Praxis einzugehen. So erwähnte etwa der Text der Expertengruppe sehr häufig das Wort „reasonable" als Maßstab für die Länge von Fristen oder das Ausmaß von Pflichten und Obliegenheiten der Parteien. Die Verwendung dieses Begriffes im Besonderen sowie die dahinterstehende und sich auch in anderen Formulierungen äußernde Tendenz zur Verwendung unbestimmter und daher auslegungsbedürftiger Rechtbegriffe im Allgemeinen wurde in der informellen Konsultation, die die Kommission zu diesem Text während der Monate Mai und Juni 2011 durchführte, sehr stark von Vertretern aller Interessengruppen kritisiert. Daher strich die Kommission einerseits 30 Erwähnungen der Angemessenheit oder Vernünftigkeit heraus oder ergänzte sie durch genau bestimmte Fristen. Auch andere unbestimmte Rechtsbegriffe wurden soweit wie möglich ersetzt. Andererseits sind aber manche unbestimmte Rechtsbegriffe unerlässlich, um der Rechtsprechung eine gewisse Flexibilität zur Herstellung von Einzelfallgerechtigkeit zu erlauben. Diese wurden beibehalten, wo sie notwendig sind.

Schließlich folgt auch die **Struktur** dem auf die Bedürfnisse der Praxis abzielenden pragmatischen Ansatz. Der DCFR konnte es sich noch erlauben, die traditionelle Struktur eines Zivilgesetzbuches beizubehalten. Dies war im

---

[45] In Vorbereitung zum Inkrafttreten.

Falle des DCFR sogar sinnvoll, weil diese – deutschen Juristen vertraute – Struktur, die so viele Bestimmungen wie möglich vor die Klammer zog, gleichzeitig eine Vielzahl von spezifischen Verträgen bedienen musste. Ganz abgesehen davon, dass eine solche Struktur für manche mitgliedstaatlichen Rechtsordnungen weitgehend fremd ist, musste die Struktur des GEKR vor allem benutzerfreundlich sein. Die Vertragsparteien sollten also die Bestimmungen zu ihren Rechten und Pflichten entsprechend dem Lebenszyklus eines Vertrages in klar getrennten, gesonderten Kapiteln vorfinden, wobei ein (eventuell sogar mehrfaches) Hin- und Her-Springen zwischen allgemeinen und besonderen Bestimmungen vermieden werden sollte. Während dies zu einer gewissen Wiederholung führt, die man von einem systematisch – dogmatischen Standpunkt als möglicherweise weniger elegant ansehen kann, ist dies Ausdruck eines ganz bewussten Bemühens, die Struktur für Praktiker aus verschiedensten Rechtskreisen leicht zugänglich zu machen.

Das GEKR beginnt im ersten Teil mit einigen **allgemeinen Bestimmungen,** bei denen es schlichtweg so gut wie unmöglich war, sie nicht vor die Klammer zu ziehen. Die Kapitel im zweiten Teil widmen sich dann den Fragen, die für das **Zustandekommen** eines **wirksamen Vertrages** erforderlich sind. Der zweite Teil regelt deshalb die vorvertraglichen Informationspflichten und den Vertragsschluss selbst, unmittelbar gefolgt von den Kapiteln, die sich mit dem Widerrufsrecht bei Verbraucherverträgen und Einigungsmängeln auseinandersetzen, also den Punkten, die zur nachträglichen Vernichtung des Vertrages führen können. Der dritte Teil bestimmt den **Vertragsinhalt** näher, wobei hier neben den klassischen Kapiteln zur Auslegung sowie zu Inhalt und Wirkungen des Vertrages vor allem noch das bedeutsame Kapitel zur Kontrolle von allgemeinen Geschäftsbedingungen eingefügt wurde.

Der vierte Teil ist der zentrale Teil des GEKR überhaupt, da er die **Rechte** und **Pflichten** der **Parteien** eines Kaufvertrages regelt. Auch findet sich wieder ein Ausdruck der bereits erwähnten Zugänglichkeit der Struktur: Nach den Pflichten einer Partei werden sofort die Rechte der anderen Partei im Falle der Pflichtverletzung erwähnt. Gleiches gilt für das Kapitel zu den verbundenen Dienstleistungen.

Die Teile VI – VIII beschäftigen sich dann mit Fragen des **Schadensersatzes,** der **Rückabwicklung** im Falle der **Anfechtung** und der **Beendigung** des Vertrages sowie der **Verjährung.**

Das Streben nach Benutzerfreundlichkeit drückt sich auch in der **Terminologie** aus: Der DCFR verwendete soviel wie möglich die Begriffe des Schuldners und Gläubigers, da er auf eine Vielzahl von Schuldverhältnissen Anwendung fand. Das hatte aber den Nachteil, dass immer erst klargestellt werden musste, von welcher Verpflichtung gerade die Rede war und wer Schuldner und Gläubiger dieser Verpflichtung war. Anders als bei DCFR sollten diese Begriffe im GEKR nur wo absolut unvermeidbar verwendet werden. Stattdessen sollte beispielsweise klar vom Verkäufer und Käufer die Rede sein.

2. Wesentliche Weichenstellungen

a) Verbraucherverträge. Hier ist zunächst einmal auf Verbraucherverträge und das dort **anwendbare Schutzniveau** einzugehen, das in der politischen Diskussion im Gesetzgebungsverfahren noch eine große Rolle spielen wird und in der praktischen Anwendung mitbestimmend sein dürfte, ob das GEKR bei Verbraucherverträgen von den Parteien gewählt werden wird:

Damit das GEKR von den Verbrauchern gewählt wird, muss es ein hohes Verbraucherschutzniveau aufweisen. Nur ein solch hohes Verbraucherschutzniveau würde den Verbrauchern das nötige Vertrauen geben, zugunsten des GEKR auf ihr nationales Recht zu verzichten. Dabei mag es dahingestellt sein, ob das jeweilige nationale Recht ein höheres oder niedrigeres Verbraucherschutzniveau aufweist. Der wesentliche Punkt ist vielmehr, dass der Verbraucher grundsätzlich seinem nationalen Recht den Vorzug gibt. Während also ein hohes Verbraucherschutzniveau für die Zustimmung seitens des Verbrauchers wesentlich ist, ist es andererseits für die Unternehmen natürlich in erster Linie ein Kostenfaktor. Allerdings liegt der wesentliche Vorteil des GEKR für die Unternehmen in den erheblichen Einsparungen für den Fall des Exportes in eine Reihe von anderen Mitgliedstaaten, da sie nur ein einziges anwendbares Recht ihren Verträgen zu Grunde legen. Dies bedeutet, dass die Unternehmen dann ein Interesse haben, das GEKR zu wählen, wenn diese Einsparungen die durch ein allgemein recht hohes Verbraucherschutzniveau möglicherweise verursachten Mehrkosten übertreffen. Darüber hinaus würde es aber von den Unternehmen nicht gewählt werden, wenn es ein so hohes Verbraucherschutzniveau aufweisen würde, dass es höher ist als die einzelnen Ausprägungen des Verbraucherschutzes in den Rechten aller Mitgliedstaaten zusammengenommen. Daher muss das GEKR ein Gleichgewicht zwischen den Rechten und Pflichten der Parteien auf hohem Verbraucherschutzniveau aufweisen.

Dies wurde zunächst einmal dadurch verwirklicht, dass alle voll harmonisierten Verbraucherschutzbestimmungen der Verbraucherrechterichtlinie komplett in das GEKR übernommen wurden. Dies betrifft vor allem Bestimmungen in den Kapiteln 2 über die vorvertraglichen Informationen und 4 über das Widerrufsrecht. Wo nötig, wurden sie nur an die Rechtsform der Verordnung angepasst. Hinsichtlich der übrigen Regelungen des europäischen Verbraucherschutzrechtes – im Wesentlichen geht es um die Bestimmungen zur AGB – Kontrolle und zum Verbrauchsgüterkauf -, die einen Mindestharmonisierungsansatz verfolgen, wurde das Verbraucherschutzniveau entweder beibehalten oder das GEKR ging darüber hinaus. Was schließlich die Bestimmungen des nicht gemeinschaftsrechtlich harmonisierten Bereichs angeht, so ist ebenfalls ein Bestreben nach hohem Verbraucherschutz erkennbar. Damit soll der Mehrheit der europäischen Verbraucher nicht nur wirtschaftliche Vorteile in Form eines größeren Angebots zu geringeren Preisen geboten werden, sondern auch die Beibehaltung, wenn nicht sogar Erhöhung des nationalen Schutzniveaus.

Seine wesentlichste Ausprägung hat dieser Ansatz des hohen Verbraucherschutzniveaus in dem Paket der **Gewährleistungsrechte** beim Kauf eines **fehlerhaften Produktes,** die im Zusammenhang mit der **Risikoverteilung** bei der **Rückabwicklung** und der **Verjährungsfrist** gesehen wird.

Im Vergleich zur Verbrauchsgüterkaufrichtlinie ist zunächst zu bemerken, dass das GEKR dem Käufer noch die zusätzlichen Rechte der spezifischen Erfüllung, der Zurückbehaltung und des Schadensersatzes gewährt. Diese Rechte waren von der Verbraucherschutzrichtlinie nicht ausgeschlossen, sondern aufgrund des Ansatzes der Minimalharmonisierung schlichtweg nicht harmonisiert.[46)]

---

46) Vgl. die Klarstellung in Artikel 8 Abs. 1 der Richtlinie 99/44.

Vor allem aber stellt das GEKR dem Käufer die Rechte der Verbrauchsgüterkaufrichtlinie nicht in der in Art. 3 der Richtlinie vorgesehenen Hierarchie der Gewährleistungsrechte (in einem ersten Schritt Nachbesserung oder Ersatzlieferung und in einem zweiten Schritt Minderung oder Vertragsauflösung, letztere nur bei nicht geringfügigen Vertragswidrigkeiten) zur Verfügung. Stattdessen sieht es nach Art. 106 Abs. 1 GEKR die **Wahlfreiheit des Käufers** zwischen seinen verschiedenen Rechten vor.

Allerdings ist diese **Wahlfreiheit** für den Käufer **bei Handelskaufverträgen** sehr stark **eingeschränkt.** Bei diesen hat zunächst einmal der Verkäufer das Recht auf Heilung nach Art. 109 GEKR. Außerdem verliert der Käufer bei Handelskaufverträgen nach Art. 122 GEKR seine Rechte, wenn er die Vertragswidrigkeit nicht innerhalb einer angemessenen Frist, aber spätestens innerhalb von zwei 2 Jahren, nach Übergabe oder tatsächlicher beziehungsweise vermuteter Kenntnis mitteilt. Schließlich ist das Recht der Vertragsbeendigung für den Käufer eines Handelskaufvertrages dadurch beschränkt, dass es nach Art. 114 Abs. 1 GEKR nur dann gilt, wenn die Nichterfüllung wesentlich ist und außerdem der Käufer nach Art. 119 diese Rechte innerhalb einer angemessenen Frist nach tatsächlicher oder vermuteter Kenntnisnahme ausübt.

Bei Verbraucherkaufverträgen gelten diese Beschränkungen jedoch nicht. Der Verbraucher hat die volle Wahlfreiheit zwischen den genannten Rechten, wobei die einzige Einschränkung für das Recht der Vertragsbeendigung die ist, dass sie nicht verlangt werden kann, wenn die Vertragswidrigkeit nur unerheblich ist.

Auch die **Risikoverteilung bei der Rückabwicklung nach Beendigung des Vertrages** ist vorteilhaft für den Verbraucher. Einerseits trägt der Verbraucher das Risiko der Zerstörung der gekauften Sache, da er nach Art. 172 f. GEKR zur Rückgabe oder im Fall der Unmöglichkeit der Rückgabe zur Zahlung des Geldwertes verpflichtet ist. Auf der anderen Seite aber trägt der Verkäufer das Risiko der Wertminderung der zurückzugebenden Sache, da der Verbraucher nach Art. 174 Abs. 1 GEKR nur in Ausnahmefällen zur Zahlung von Nutzungsersatz verpflichtet ist.

Beschränkt werden die Käuferrechte nach Art. 179 f. GEKR durch eine **kurze zweijährige Verjährungsfrist** ab tatsächlicher beziehungsweise vermuteter Kenntnis sowie eine **lange zehnjährige Verjährungsfrist** ab dem Zeitpunkt der geschuldeten Lieferung.

Das hohe **Verbraucherschutzniveau** des GEKR spiegelt sich auch **in anderen Bestimmungen** nieder. Hier seien nur einige Beispiele kurz genannt. So sind nach Art. 64 GEKR Vertragsbestimmungen bei Zweifeln über ihre Auslegung zugunsten des Verbrauchers auszulegen. Ein weiterer Punkt betrifft die für den Verbraucher freundliche Behandlung der Verzugszinsen. Nach Art. 167 Abs. 2 GEKR muss der Verbraucher Verzugszinsen erst ab einem Zeitpunkt 30 Tage nach einer Mitteilung des Verkäufers über die Pflicht zur Zahlung von Zinsen und deren Höhe zahlen. Auch der Zinssatz nach Art. 166 Abs. 2 – zwei Prozent über dem Refinanzierungszinssatz der Europäischen Zentralbank – ist recht niedrig.

b) Verträge zwischen Unternehmen. Eine der wesentlichen Zielgruppen des GEKR sind kleine und mittlere Unternehmen, denen das GEKR den Abschluss grenzübergreifender Verträge erleichtern will. Auf die Vorteile vor allem für Verträge zwischen kleinen und mittleren Unternehmen in verschiedenen Mitgliedstaaten wurde ebenfalls schon hingewiesen. Deswegen ist das GEKR als Alternative des anwendbaren Rechts für solche Verträge interessant.

Für solche Verträge und für Verträge zwischen großen, in der Regel marktmächtigeren Unternehmen und kleineren Unternehmen gilt, wie bereits erwähnt, der Grundsatz der Vertragsfreiheit.

Um nun zu verhindern, dass marktmächtigere und -erfahrenere Unternehmen eine eventuell schwächere Position ihrer Vertragspartner ausnutzen, enthält das GEK auch **Bestimmungen zum Schutz** dieser schwächeren Vertragspartner, meistens **kleinerer und mittlerer Unternehmen.**

Das wichtigste Beispiel ist das Kapitel 8 zur **Kontrolle allgemeiner Geschäftsbestimmungen.** Es bezieht in seinen Abschnitten 1 und 3 auch vertragliche Klauseln in Handelsverträgen in seinen Anwendungsbereich ein und schafft hierfür in Art. 86 GEKR eine Generalklausel. Zudem sind die entsprechenden Bestimmungen nach Art. 81 GEKR nicht nur für Verbraucherverträge, sondern sogar für Handelsverträge zwingend ausgestaltet. Ergänzt werden diese Bestimmungen noch durch Art. 70 GEKR. Nach dieser Bestimmung können sich Vertragsparteien nur dann auf ihre allgemeinen Geschäftsbedingungen berufen, wenn die andere Partei darauf aufmerksam gemacht wurde.

Eine für kleine und mittlere Unternehmen interessante Bestimmung ist auch Art. 23 GEKR, der eine **allgemeine Informationspflicht** statuiert. Zwar ist diese Informationspflicht gegenüber den betreffenden Pflichten zur vorvertraglichen Information von Verbrauchern deutlich weniger detailliert ausgestaltet, aber immerhin verpflichtet sie den Verkäufer, alle Informationen zu den wesentlichen Merkmalen der zu liefernden Produkte zu offen zu legen. Diese allgemeine Informationspflicht ist gekoppelt mit zwei weiteren Pflichten, die auch auf Verbraucherkaufverträge Anwendung finden und die Informationspflicht effektiver gestalten. Zum einen ergibt sich aus Art. 28 GEKR eine Pflicht, korrekte Informationen zu liefern. Zum anderen folgen aus Art. 29 GEKR im Wesentlichen eine Verpflichtung zum Schadensersatz, falls diese Pflichten nicht eingehalten werden.

Im Zusammenhang mit Informationspflichten ist auch noch Art. 69 GEKR zu sehen: Diese Bestimmung findet sowohl auf Verbraucher- als auch auf Handelsverträge Anwendung und bezieht vorvertraglich – beispielsweise in der Werbung aber auch in Verkaufsgesprächen gegebene Informationen – in den Vertrag mit ein. Dies bedeutet, dass falls diese Informationen nicht korrekt sind und der Käufer sich darauf verließ, er Gewährleistungsrecht geltend machen kann.

Schließlich räumt im Kapitel 5 über Einigungsmängel Art. 51 GEKR auch eine Anfechtungsmöglichkeit ein, falls z. B. die geschäftliche Unerfahrenheit einer Partei ausgenützt wird.

VI. Fazit

Die endgültige Gestalt der am Ende dieses Gesetzgebungsverfahrens stehenden Verordnung steht noch nicht fest. Allerdings kann man schon jetzt die große Bedeutung dieses Vorhabens für Rechtspraxis, exportierende Wirtschaft und Rechtswissenschaft erkennen.

Was das europäische Zivilrecht angeht, so ist auch klar, dass dieser Vorschlag in doppelter Hinsicht einen Quantensprung darstellt. Zunächst betrifft dies die Gestaltung des GEKR als optionales Instrument. Hier handelt es sich um einen innovativen Ansatz, der darauf abzielt, die Probleme der hergebrachten Harmonisierung im Bereich des Zivilrechts zu vermeiden. Vor allem aber werden hier zum ersten Mal umfassend große Bereiche des Vertragsrechts auf europäischer Ebene geregelt. Dies wird sicherlich sowohl Zustimmung als auch Widerspruch hervorrufen. Insoweit sie zielführend ist, ist eine solche Diskussion begrüßenswert; jedenfalls wird sie die Rezeption des GEKR fördern.

1. Vorschlag für eine Verordnung des Europäischen Parlaments und des Rates über ein Gemeinsames Europäisches Kaufrecht

Vom 11. Oktober 2011
(KOM(2011) 635 endgültig)

Nichtamtliche Inhaltsübersicht

DAS EUROPÄISCHE PARLAMENT UND DER RAT DER EUROPÄISCHEN UNION –

gestützt auf den Vertrag über die Arbeitsweise der Europäischen Union, insbesondere auf Artikel 114,

auf Vorschlag der Europäischen Kommission,

nach Zuleitung des Entwurfs des Gesetzgebungsakts an die nationalen Parlamente,

nach Stellungnahme des Europäischen Wirtschafts- und Sozialausschusses[1],

nach Stellungnahme des Ausschusses der Regionen[1],

gemäß dem ordentlichen Gesetzgebungsverfahren,

in Erwägung nachstehender Gründe:

(1) Für grenzübergreifende Wirtschaftstätigkeiten bestehen immer noch erhebliche Engpässe, die verhindern, dass der Binnenmarkt sein ganzes Potenzial für Wachstum und Schaffung von Arbeitsplätzen entfaltet. Ge-

---

[1] **Amtl. Anm.:** ABl. C [...] vom [...], S. [...].

genwärtig exportiert nur einer von zehn Unternehmern aus der Europäischen Union in andere EU-Länder, und in den meisten Fällen beschränken sich diese Ausfuhren auf wenige Mitgliedstaaten. Unter allen Hindernissen für den grenzübergreifenden Handel, zu denen unter anderem Steuerregelungen, Verwaltungsvorschriften, Lieferprobleme, Sprache und Kultur gehören, sehen Unternehmer die Schwierigkeit, sich über ausländisches Vertragsrecht zu informieren, als eines der größten Hindernisse sowohl für Geschäfte zwischen Unternehmen und Verbrauchern als auch für Geschäfte zwischen Unternehmen an. Dies wirkt sich wegen des geringeren Produktangebots auch zum Nachteil der Verbraucher aus. Das unterschiedliche Vertragsrecht der Mitgliedstaaten schreckt somit davon ab, Grundfreiheiten wie den freien Waren- und Dienstleistungsverkehr zu nutzen, und stellt ein Hindernis für das Funktionieren und die kontinuierliche Weiterentwicklung des Binnenmarkts dar. Zudem bewirkt es eine Beschränkung des Wettbewerbs, vor allem auf den Märkten kleinerer Mitgliedstaaten.

(2) Verträge sind das unentbehrliche rechtliche Instrument für jedes wirtschaftliche Geschäft. Die Notwendigkeit für Unternehmer, das anwendbare Recht zu ermitteln oder auszuhandeln, sich über anwendbares ausländisches Recht zu informieren, das häufig auch übersetzt werden muss, rechtliche Beratung in Anspruch zu nehmen, um sich mit den einschlägigen Anforderungen vertraut zu machen, und ihre Verträge unter Umständen an das bei grenzübergreifenden Geschäften jeweils anwendbare einzelstaatliche Recht anpassen zu müssen, macht den Handel mit dem Ausland komplizierter und kostenträchtiger als den Handel im Inland. Die vertragsrechtsbedingten Hindernisse tragen somit maßgeblich dazu bei, eine erhebliche Zahl exportorientierter Unternehmer davon abzuhalten, in den grenzübergreifenden Handel einzusteigen oder ihre Geschäftstätigkeit auf weitere Mitgliedstaaten auszudehnen. Besonders stark ist ihre abschreckende Wirkung auf kleine und mittlere Unternehmen (KMU), für die die Kosten des Eintritts in mehrere ausländische Märkte im Verhältnis zum Umsatz oft besonders hoch sind. Infolgedessen entgehen den Unternehmen Kosteneinsparungen, die sie erzielen könnten, wenn es ihnen möglich wäre, Waren und Dienstleistungen auf der Grundlage eines für alle ihre grenzübergreifenden Geschäfte geltenden einheitlichen Vertragsrechts und im Internet auf der Grundlage einer einzigen Website zu vermarkten.

(3) Die vertragsrechtsbedingten Transaktionskosten, die, wie sich gezeigt hat, erheblich sind, und die rechtlichen Hindernisse, die durch die Unterschiede zwischen den zwingenden einzelstaatlichen Verbraucherschutzvorschriften bedingt sind, wirken sich bei Geschäften zwischen Unternehmen und Verbrauchern unmittelbar auf das Funktionieren des Binnenmarkts aus. Wenn ein Unternehmer seine Tätigkeiten auf Verbraucher in einem anderen Mitgliedstaat ausrichtet, gelten nach Artikel 6 der Verordnung (EG) Nr. 593/2008 des Europäischen Parlaments und des Rates vom 17. Juni 2008 über das auf vertragliche Schuldverhältnisse anzuwendende Recht (Verordnung (EG) Nr. 593/2008)[1] die Verbraucherschutzvorschriften des Mitgliedstaats des gewöhnlichen Aufent-

[1] **Amtl. Anm.:** ABl. L 177 vom 4. 7. 2008, S. 6.

halts des Verbrauchers, die ein höheres Schutzniveau bieten und von denen nach diesem Recht nicht durch Vereinbarung abgewichen werden kann, selbst wenn die Parteien ein anderes anwendbares Recht gewählt haben. Unternehmer müssen sich daher im Voraus informieren, ob das Recht des Verbrauchers ein höheres Schutzniveau bietet, und sicherstellen, dass ihr Vertrag dessen Anforderungen genügt. Im elektronischen Geschäftsverkehr bringt darüber hinaus die Anpassung von Websites, die den zwingenden Anforderungen des anwendbaren ausländischen Verbrauchervertragsrechts entsprechen müssen, weitere Kosten mit sich. Die bisherige Harmonisierung des Verbraucherschutzrechts auf Unionsebene hat zwar in einigen Bereichen zu einer gewissen Annäherung geführt, doch bestehen zwischen den Rechtsvorschriften der Mitgliedstaaten nach wie vor erhebliche Unterschiede, da die Mitgliedstaaten im Rahmen der bisherigen Harmonisierung in vielen Fällen die Möglichkeit hatten zu entscheiden, wie sie dem Unionsrecht nachkommen und wo sie das Verbraucherschutzniveau ansetzen wollen.

(4) Die vertragsrechtsbedingten Hindernisse, die es Unternehmern unmöglich machen, das Potenzial des Binnenmarkts voll auszuschöpfen, wirken sich auch zum Nachteil der Verbraucher aus. Weniger grenzübergreifender Handel führt zu weniger Importen und weniger Wettbewerb. Die Verbraucher werden möglicherweise durch eine geringere Produktauswahl zu höheren Preisen benachteiligt, zum einen, weil ihnen weniger ausländische Unternehmer ihre Waren und Dienstleistungen direkt anbieten, und zum anderen als indirekte Folge des beschränkten grenzübergreifenden Handels zwischen Unternehmen auf der Großhandelsstufe. Obwohl ein Einkauf im Ausland erhebliche wirtschaftliche Vorteile in Form eines größeren und besseren Angebots mit sich bringen könnte, kaufen viele Verbraucher auch deshalb nur ungern jenseits der Grenze ein, weil sie unsicher sind, welche Rechte sie dort haben. Einige der wichtigsten Sorgen der Verbraucher betreffen das Vertragsrecht, zum Beispiel die Frage, ob sie angemessenen Schutz genießen würden, wenn sich die gekauften Produkte als fehlerhaft erweisen. Infolgedessen kaufen viele Verbraucher lieber im Inland ein, auch wenn das für sie eine geringere Auswahl und höhere Preise bedeutet.

(5) Zudem können Verbraucher, die die Preisunterschiede zwischen den Mitgliedstaaten nutzen und bei einem Unternehmer aus einem anderen Mitgliedstaat kaufen wollen, dies häufig nicht tun, weil der Unternehmer nicht ins Ausland liefert. Der elektronische Geschäftsverkehr hat zwar die Suche nach Angeboten und den Vergleich von Preisen und anderen Bedingungen unabhängig vom Ort der Niederlassung des Unternehmers erheblich erleichtert, doch lehnen Unternehmer, die nicht in den grenzübergreifenden Handel einsteigen wollen, sehr häufig Bestellungen ausländischer Verbraucher ab.

(6) Unterschiede im Vertragsrecht der Mitgliedstaaten hindern Verbraucher und Unternehmer daran, die Vorteile des Binnenmarkts zu nutzen. Diese vertragsrechtsbedingten Hindernisse wären wesentlich geringer, wenn Verträge unabhängig vom Ort der Niederlassung der Parteien auf ein einziges, einheitliches Vertragsrecht gestützt werden könnten. Ein solches einheitliches Vertragsrecht sollte den ganzen Lebenszyklus eines Vertrags umfassen und somit die für den Vertragsschluss wichtigsten Fragestel-

lungen regeln. Es sollte darüber hinaus vollständig harmonisierte Verbraucherschutzvorschriften enthalten.

(7) Die Unterschiede im Vertragsrecht der Mitgliedstaaten und ihre Folgen für den grenzübergreifenden Handel wirken sich auch dahingehend aus, dass der Wettbewerb begrenzt bleibt. Weniger grenzübergreifender Handel bedeutet weniger Wettbewerb und damit weniger Anreize für Unternehmer, innovationsfreudiger zu werden und die Qualität ihrer Produkte zu verbessern oder die Preise zu senken. Vor allem in kleineren Mitgliedstaaten mit einer begrenzten Zahl inländischer Wettbewerber kann die Entscheidung ausländischer Unternehmer, wegen Kosten und Komplexität nicht in den Markt einzutreten, den Wettbewerb begrenzen, was spürbare Auswirkungen auf Auswahl und Preis der verfügbaren Produkte hat. Zudem können die Hindernisse für den grenzübergreifenden Handel den Wettbewerb zwischen KMU und größeren Unternehmen gefährden. Angesichts des erheblichen Gewichts der Transaktionskosten im Verhältnis zum Umsatz ist zu erwarten, dass ein KMU eher auf den Eintritt in einen ausländischen Markt verzichtet als ein größerer Wettbewerber.

(8) Um diese vertragsrechtsbedingten Hindernisse zu überwinden, sollten die Parteien die Möglichkeit haben, ihren Vertrag auf der Grundlage eines einzigen, einheitlichen Vertragsrechts, eines Gemeinsamen Europäischen Kaufrechts, zu schließen, dessen Bestimmungen in allen Mitgliedstaaten dieselbe Bedeutung haben und einheitlich ausgelegt werden. Das Gemeinsame Europäische Kaufrecht sollte den Parteien eine zusätzliche Wahlmöglichkeit bieten, die sie nutzen können, wenn beide der Auffassung sind, dass es dazu beitragen kann, den grenzübergreifenden Handel zu erleichtern und Transaktions- und Opportunitätskosten sowie andere vertragsrechtsbedingte Hindernisse für den grenzübergreifenden Handel zu reduzieren. Es sollte nur dann Grundlage eines Vertragsverhältnisses werden, wenn die Parteien gemeinsam beschließen, darauf zurückzugreifen.

(9) Mit dieser Verordnung wird ein Gemeinsames Europäisches Kaufrecht eingeführt. Die Harmonisierung des Vertragsrechts der Mitgliedstaaten wird nicht durch eine Änderung des bestehenden innerstaatlichen Vertragsrechts bewirkt, sondern durch Schaffung einer fakultativen zweiten Vertragsrechtsregelung in jedem Mitgliedstaat für in ihren Anwendungsbereich fallende Verträge. Diese zweite Vertragsrechtsregelung soll in der ganzen EU gleich sein und parallel zum bestehenden innerstaatlichen Vertragsrecht Anwendung finden. Das Gemeinsame Europäische Kaufrecht soll auf freiwilliger Basis auf grenzübergreifende Verträge angewendet werden, wenn die Vertragsparteien dies ausdrücklich beschließen.

(10) Die Vereinbarung über die Verwendung des Gemeinsamen Europäischen Kaufrechts sollte eine Wahl sein, die innerhalb des einzelstaatlichen Rechts getroffen wird, das nach der Verordnung (EG) Nr. 593/2008 beziehungsweise in Bezug auf vorvertragliche Informationspflichten nach der Verordnung (EG) Nr. 864/2007 des Europäischen Parlaments und des Rates vom 11. Juli 2007 über das auf außervertragliche Schuldverhältnisse anzuwendende Recht (Verordnung (EG) Nr. 864/2007)[1] oder nach

[1] **Amtl. Anm.:** ABl. L 199 vom 31. 7. 2007, S. 40.

jeder anderen einschlägigen Kollisionsnorm anwendbar ist. Die Vereinbarung über die Verwendung des Gemeinsamen Europäischen Kaufrechts sollte daher keine Rechtswahl im Sinne der Kollisionsnormen darstellen und nicht mit einer solchen verwechselt werden; sie sollte unbeschadet der Kollisionsnormen gelten. Diese Verordnung lässt bestehende Kollisionsnormen somit unberührt.

(11) Das Gemeinsame Europäische Kaufrecht sollte einen vollständigen Satz voll harmonisierter zwingender Verbraucherschutzvorschriften enthalten. Diese Vorschriften sollten gemäß Artikel 114 Absatz 3 des Vertrags über die Arbeitsweise der Europäischen Union (AEUV) im Bereich Verbraucherschutz ein hohes Schutzniveau garantieren, um das Vertrauen der Verbraucher in das Gemeinsame Europäische Kaufrecht zu stärken, und ihnen so einen Anreiz bieten, auf dieser Grundlage grenzübergreifende Verträge zu schließen. Das Schutzniveau, das Verbraucher auf der Grundlage des EU-Verbraucherrechts genießen, sollte beibehalten oder erhöht werden.

(12) Da das Gemeinsame Europäische Kaufrecht einen vollständigen Satz voll harmonisierter zwingender Verbraucherschutzvorschriften enthält, werden in diesem Bereich keine Disparitäten zwischen den Rechtsvorschriften der Mitgliedstaaten auftreten, wenn sich die Parteien für die Verwendung des Gemeinsamen Europäischen Kaufrechts entschieden haben. Im Falle eines Verbrauchervertrags, bei dem der Verbraucher seinen gewöhnlichen Aufenthalt in einem Mitgliedstaat hat und die Parteien eine gültige Vereinbarung dahingehend getroffen haben, dass das Recht des Mitgliedstaats des Verkäufers und das Gemeinsame Europäische Kaufrecht Anwendung finden sollen, entfaltet Artikel 6 Absatz 2 der Verordnung (EG) Nr. 593/2008, der von einem unterschiedlichen Verbraucherschutzniveau in den Mitgliedstaaten ausgeht, für Fragen, die das Gemeinsame Europäische Kaufrecht regelt, folglich keine praktische Bedeutung.

(13) Das Gemeinsame Europäische Kaufrecht sollte für grenzübergreifende Verträge zur Verfügung stehen, denn gerade hier entstehen aufgrund der Unterschiede zwischen den Rechtsordnungen der Mitgliedstaaten Komplikationen und zusätzliche Kosten, die Parteien vom Vertragsschluss abhalten. Die Feststellung, ob es sich um einen grenzübergreifenden Vertrag handelt, sollte bei Verträgen zwischen Unternehmen anhand des gewöhnlichen Aufenthalts der Parteien erfolgen. In einem Vertrag zwischen einem Unternehmen und einem Verbraucher sollte der grenzübergreifende Bezug dann gegeben sein, wenn entweder die vom Verbraucher angegebene allgemeine Anschrift, die Lieferanschrift oder die vom Verbraucher angegebene Rechnungsanschrift in einem Mitgliedstaat, aber außerhalb des Staates liegt, in dem der Unternehmer seinen gewöhnlichen Aufenthalt hat.

(14) Das Gemeinsame Europäische Kaufrecht sollte nicht auf grenzübergreifende Sachverhalte beschränkt sein, die nur Mitgliedstaaten betreffen, sondern auch zur Erleichterung des Handels zwischen Mitgliedstaaten und Drittstaaten zur Verfügung stehen. Bei Verbrauchern aus Drittstaaten sollte die Vereinbarung über die Verwendung des Gemeinsamen Europäischen Kaufrechts, die die Wahl eines für sie fremden Rechts implizieren würde, den geltenden Kollisionsnormen unterliegen.

(15) Auch Unternehmer, die sowohl im Inland als auch im Ausland Geschäftsbeziehungen unterhalten, sehen es unter Umständen als nützlich an, für alle Geschäfte einen einzigen, einheitlichen Vertrag zu verwenden. Es sollte den Mitgliedstaaten daher freistehen, das Gemeinsame Europäische Kaufrecht auch zur Anwendung in einem ausschließlich inländischen Kontext anzubieten.

(16) Das Gemeinsame Europäische Kaufrecht sollte insbesondere für den Kauf von Waren zur Verfügung stehen, einschließlich für Waren, die noch hergestellt oder erzeugt werden müssen, da dies der wirtschaftlich wichtigste Vertragstyp ist, der im grenzübergreifenden Handel und vor allem im elektronischen Geschäftsverkehr ein besonderes Wachstumspotenzial bietet.

(17) Um der zunehmenden Bedeutung der digitalen Wirtschaft Rechnung zu tragen, sollte das Gemeinsame Europäische Kaufrecht auch Verträge über die Bereitstellung digitaler Inhalte erfassen. Die Übertragung von zur Speicherung, Verarbeitung, Bereitstellung oder wiederholten Nutzung bestimmten digitalen Inhalten – wie Download von Musikdateien – hat rasch zugenommen und birgt ein großes Potenzial für weiteres Wachstum, doch ist die Rechtslage in diesem Bereich nach wie vor sehr uneinheitlich und ungewiss. Das Gemeinsame Europäische Kaufrecht sollte daher auch für die Bereitstellung digitaler Inhalte gelten, unabhängig davon, ob die digitalen Inhalte auf einem materiellen Datenträger bereitgestellt werden.

(18) Digitale Inhalte werden häufig nicht gegen Zahlung eines Preises, sondern in Verbindung mit separat bezahlten Waren oder Dienstleistungen bereitgestellt, wobei die Bereitstellung eine nicht geldwerte Gegenleistung wie die Einräumung des Zugangs zu persönlichen Daten voraussetzen oder ohne jede Gegenleistung im Rahmen einer Marketingstrategie erfolgen kann, die auf der Erwartung basiert, dass der Verbraucher später zusätzliche oder anspruchsvollere digitale Inhalte erwerben wird. Angesichts dieser besonderen Marktstruktur und des Umstands, dass mangelhafte digitale Inhalte die wirtschaftlichen Interessen des Verbrauchers schädigen können ungeachtet der Bedingungen, unter denen die Inhalte geliefert worden sind, sollte die Verfügbarkeit des Gemeinsamen Europäischen Kaufrechts nicht davon abhängen, ob für die betreffenden digitalen Inhalte ein Preis gezahlt wird oder nicht.

(19) Um den Nutzen des Gemeinsamen Europäischen Kaufrechts zu maximieren, sollte sein materieller Anwendungsbereich auch vom Verkäufer erbrachte Dienstleistungen – hauptsächlich Reparatur, Wartung, Montage und Installierung – umfassen, die unmittelbar und eng mit den jeweiligen Waren oder digitalen Inhalten verbunden sind, die auf der Grundlage des Gemeinsamen Europäischen Kaufrechts geliefert werden, und häufig gleichzeitig im selben Vertrag oder in einem verbundenen Vertrag festgelegt sind.

(20) Das Gemeinsame Europäische Kaufrecht sollte nicht für verbundene Verträge gelten, auf deren Grundlage der Käufer Waren oder Dienstleistungen von einem Dritten bezieht. Dies wäre deshalb nicht angemessen, weil der Dritte nicht der Vereinbarung zwischen den Vertragsparteien über die Verwendung des Gemeinsamen Europäischen Kaufrechts ange-

hört. Ein verbundener Vertrag mit einem Dritten sollte daher dem innerstaatlichen Recht unterliegen, das nach den Verordnungen (EG) Nr. 593/2008 und (EG) Nr. 864/2007 oder einer anderen einschlägigen Kollisionsnorm anwendbar ist.

(21) Um die bestehenden Probleme im Binnenmarkt und Wettbewerb auf gezielte und verhältnismäßige Weise angehen zu können, sollte der persönliche Geltungsbereich des Gemeinsamen Europäischen Kaufrechts auf die Parteien ausgerichtet werden, die derzeit durch die divergierenden einzelstaatlichen Vertragsrechtsregelungen davon abgehalten werden, im Ausland Geschäfte zu tätigen, was erhebliche negative Folgen für den grenzübergreifenden Handel hat. Erfasst werden sollten daher alle Verträge zwischen Unternehmen und Verbrauchern sowie Verträge zwischen Unternehmen, bei denen mindestens eine Partei ein KMU im Sinne der Empfehlung 2003/361/EG der Kommission vom 6. Mai 2003 betreffend die Definition der Kleinstunternehmen sowie der kleinen und mittleren Unternehmen[1] ist. Die Möglichkeit der Mitgliedstaaten, Vorschriften zu erlassen, die den Anwendungsbereich des Gemeinsamen Europäischen Kaufrechts auf Verträge zwischen Unternehmen erweitern, von denen keines ein KMU ist, sollte hiervon jedoch unberührt bleiben. Unternehmer genießen im Geschäftsverkehr untereinander in jedem Fall uneingeschränkte Vertragsfreiheit und sind aufgerufen, sich bei ihrer Vertragsgestaltung am Gemeinsamen Europäischen Kaufrecht zu orientieren.

(22) Für die Anwendung des Gemeinsamen Europäischen Kaufrechts bedarf es einer entsprechenden Vereinbarung der Vertragsparteien. In Verträgen zwischen Unternehmen und Verbrauchern sollten an diese Vereinbarung strenge Anforderungen gestellt werden. Da es in der Praxis in der Regel der Unternehmer sein wird, der die Verwendung des Gemeinsamen Europäischen Kaufrechts vorschlägt, muss sich der Verbraucher voll darüber im Klaren sein, dass er der Verwendung von Vorschriften zustimmt, die sich von seinem bestehenden innerstaatlichen Recht unterscheiden. Die Zustimmung des Verbrauchers zur Verwendung des Gemeinsamen Europäischen Kaufrechts sollte daher nur in Form einer ausdrücklichen Erklärung gültig sein, die gesondert von der Zustimmung zum Abschluss des Vertrags abzugeben ist. Es sollte deshalb nicht möglich sein, die Verwendung des Gemeinsamen Europäischen Kaufrechts in einer Bestimmung des zu schließenden Vertrags, insbesondere in den allgemeinen Geschäftsbedingungen des Unternehmers, anzubieten. Der Unternehmer sollte dem Verbraucher eine Bestätigung der Vereinbarung über die Verwendung des Gemeinsamen Europäischen Kaufrechts auf einem dauerhaften Datenträger zur Verfügung stellen.

(23) Der Verbraucher sollte der Verwendung des Gemeinsamen Europäischen Kaufrechts nicht nur bewusst, sondern auch in voller Sachkenntnis zustimmen. Der Unternehmer sollte den Verbraucher daher nicht nur auf die beabsichtigte Verwendung des Gemeinsamen Europäischen Kaufrechts hinweisen, sondern ihn auch über dessen Besonderheiten und wichtigste Merkmale informieren. Um den Unternehmern diese Aufgabe zu erleichtern und ihnen unnötigen Verwaltungsaufwand zu ersparen, wird ihnen in dieser Verordnung ein Standard-Informationsblatt in allen

---

[1] **Amtl. Anm.:** ABl. L 124 vom 20. 5. 2003, S. 36.

Amtssprachen der Europäischen Union zur Verfügung gestellt, das in Bezug auf Umfang und Qualität der Informationen eine einheitliche Unterrichtung der Verbraucher gewährleistet und das sie den Verbrauchern zukommen lassen sollten. Ist es nicht möglich, dem Verbraucher das Informationsblatt zu übermitteln, beispielsweise bei einem Telefongespräch, oder hat es der Unternehmer versäumt, das Informationsblatt zu übermitteln, sollte die Vereinbarung über die Verwendung des Gemeinsamen Europäischen Kaufrechts für den Verbraucher erst dann verbindlich sein, wenn er das Informationsblatt zusammen mit der Bestätigung der Vereinbarung erhalten und anschließend seine Zustimmung erteilt hat.

(24) Um eine selektive Anwendung einzelner Bestimmungen des Gemeinsamen Europäischen Kaufrechts zu vermeiden, die das Gleichgewicht zwischen den Rechten und Verpflichtungen der Parteien beeinträchtigen und sich nachteilig auf das Verbraucherschutzniveau auswirken könnten, sollte die Wahl für das Gemeinsame Europäische Kaufrecht insgesamt gelten und nicht nur für bestimmte Teile.

(25) In den Fällen, in denen für den betreffenden Vertrag andernfalls das Übereinkommen der Vereinten Nationen über Verträge über den internationalen Warenkauf gelten würde, sollte die Wahl des Gemeinsamen Europäischen Kaufrechts eine Vereinbarung der Vertragsparteien dahingehend implizieren, dass die Anwendung dieses Übereinkommens ausgeschlossen wird.

(26) Das Gemeinsame Europäische Kaufrecht sollte vertragsrechtliche Sachverhalte regeln, die während des Lebenszyklus von Verträgen, die in seinen materiellen und persönlichen Geltungsbereich fallen, insbesondere von Online-Verträgen, von praktischer Bedeutung sind. Außer den Rechten und Verpflichtungen der Parteien und den Abhilfen bei Nichterfüllung sollte das Gemeinsame Europäische Kaufrecht deshalb Folgendes regeln: die vorvertraglichen Informationspflichten, den Abschluss des Vertrags einschließlich der Formerfordernisse, das Widerrufsrecht und seine Folgen, die Anfechtung des Vertrags wegen Irrtums, arglistiger Täuschung, Drohung oder unfairer Ausnutzung und ihre Folgen, Auslegung, Inhalt und Wirkungen des Vertrags, Beurteilung der Unfairness einer Vertragsbestimmung und ihre Folgen, Rückabwicklung nach Anfechtung und Beendigung des Vertrags sowie Verjährung und Ausschluss von Rechten. Es sollte zudem die verfügbaren Sanktionen im Fall einer Verletzung von Verpflichtungen und Pflichten in seinem Geltungsbereich regeln.

(27) Alle vertraglichen und außervertraglichen Sachverhalte, die nicht im Gemeinsamen Europäischen Kaufrecht geregelt sind, unterliegen dem außerhalb des Gemeinsamen Kaufrechts bestehenden innerstaatlichen Recht, das nach Maßgabe der Verordnungen (EG) Nr. 593/2008 und (EG) Nr. 864/2007 oder nach sonstigen einschlägigen Kollisionsnormen anwendbar ist. Hierzu zählen unter anderem die Frage der Rechtspersönlichkeit, die Ungültigkeit eines Vertrags wegen Geschäftsunfähigkeit, Rechts- oder Sittenwidrigkeit, die Bestimmung der Vertragssprache, das Diskriminierungsverbot, die Stellvertretung, die Schuldner- und Gläubigermehrheit, der Wechsel der Parteien einschließlich Abtretung, die Aufrechnung und Konfusion, das Sachenrecht einschließlich der Eigentums-

übertragung, das Recht des geistigen Eigentums sowie das Deliktsrecht. Auch die Frage, ob konkurrierende Ansprüche aus vertraglicher und außervertraglicher Haftung zusammen verfolgt werden können, ist nicht Gegenstand des Gemeinsamen Europäischen Kaufrechts.

(28) Das Gemeinsame Europäische Kaufrecht sollte keine Sachverhalte außerhalb des Vertragsrechts regeln. Diese Verordnung sollte diesbezügliches Unionsrecht oder innerstaatliches Recht unberührt lassen. Beispielsweise sollten Informationspflichten, die zum Schutz der Gesundheit oder der Umwelt oder aus Gründen der Sicherheit auferlegt werden, nicht in das Gemeinsame Europäische Kaufrecht aufgenommen werden. Ferner sollte diese Verordnung nicht die Informationspflichten nach der Richtlinie 2006/123/EG des Europäischen Parlaments und des Rates vom 12. Dezember 2006 über Dienstleistungen im Binnenmarkt[1] berühren.

(29) Bei Bestehen einer gültigen Vereinbarung über die Verwendung des Gemeinsamen Europäischen Kaufrechts sollte nur das Gemeinsame Kaufrecht für die in seinen Anwendungsbereich fallenden Sachverhalte maßgebend sein. Das Gemeinsame Kaufrecht sollte autonom im Einklang mit den etablierten Auslegungsgrundsätzen des Unionsrechts ausgelegt werden. Fragen zu Sachverhalten, die in den Anwendungsbereich des Gemeinsamen Kaufrechts fallen, die aber dort nicht ausdrücklich geregelt sind, sollten im Wege der Auslegung ohne Rückgriff auf ein anderes Rechtssystem geklärt werden. Das Gemeinsame Kaufrecht sollte anhand der zugrunde liegenden Prinzipien, Zielsetzungen und all seiner Vorschriften ausgelegt werden.

(30) Das Gemeinsame Europäische Kaufrecht sollte vom Grundsatz der Vertragsfreiheit geleitet sein. Die Parteiautonomie sollte nur eingeschränkt werden, soweit dies insbesondere aus Gründen des Verbraucherschutzes unerlässlich ist. In den Fällen, in denen diese Notwendigkeit gegeben ist, sollte deutlich auf den zwingenden Charakter der betreffenden Vorschriften hingewiesen werden.

(31) Die Parteien sollten sich bei ihrer Zusammenarbeit vom Gebot von Treu und Glauben und vom Grundsatz des redlichen Geschäftsverkehrs leiten lassen. Bestimmte Vorschriften stellen konkrete Ausprägungen dieser allgemeinen Grundsätze dar und sollten ihnen daher vorgehen. Die besonderen Rechte und Verpflichtungen der Parteien, wie sie in den spezifischen Bestimmungen festgelegt sind, sollten daher nicht unter Berufung auf die allgemeinen Grundsätze abgeändert werden können. Die konkreten Anforderungen, die aus dem Gebot von Treu und Glauben und dem Grundsatz des redlichen Geschäftsverkehrs erwachsen, sollten unter anderem von der Sachkunde der Parteien abhängen und sollten daher in Geschäften zwischen Unternehmen und Verbrauchern anders beschaffen sein als in Geschäften zwischen Unternehmen. In Geschäften zwischen Unternehmen sollte es dabei auch auf die gute Handelspraxis in der betreffenden Situation ankommen.

(32) Das Gemeinsame Europäische Kaufrecht sollte auf die Aufrechterhaltung eines gültigen Vertrags ausgerichtet sein, wo immer dies mit Blick auf die berechtigten Interessen der Parteien möglich und angemessen ist.

---

[1] **Amtl. Anm.:** ABl. L 376 vom 27. 12. 2006, S. 36.

(33) Das Gemeinsame Europäische Kaufrecht sollte unter Berücksichtigung der berechtigten Interessen der Parteien ausgewogene Lösungen für die Gestaltung und Ausübung der im Falle der Nichterfüllung des Vertrags verfügbaren Abhilfen bereithalten. In Verträgen zwischen Unternehmen und Verbrauchern sollte dem Umstand Rechnung getragen werden, dass die Vertragswidrigkeit von Waren, digitalen Inhalten oder Dienstleistungen in den Verantwortungsbereich des Unternehmers fällt.

(34) Um die Rechtsprechung des Gerichtshofs der Europäischen Union und der einzelstaatlichen Gerichte zur Auslegung des Gemeinsamen Europäischen Kaufrechts oder einer anderen Bestimmung dieser Verordnung der Öffentlichkeit zugänglich zu machen und so die Rechtssicherheit zu erhöhen, sollte die Kommission eine Datenbank mit den einschlägigen rechtskräftigen Entscheidungen dieser Gerichte einrichten. Damit die Kommission diesem Auftrag nachkommen kann, sollten die Mitgliedstaaten dafür sorgen, dass der Kommission die einschlägigen Entscheidungen ihrer Gerichte rasch übermittelt werden.

(35) Es empfiehlt sich, die Funktionsweise des Gemeinsamen Europäischen Kaufrechts oder anderer Bestimmungen dieser Verordnung nach fünf Jahren Anwendung zu überprüfen. Bei dieser Überprüfung sollte unter anderem festgestellt werden, inwieweit der Anwendungsbereich der Verordnung in Bezug auf Verträge zwischen Unternehmen sowie hinsichtlich der Markt- und technologischen Entwicklungen bei digitalen Inhalten und der künftigen Entwicklungen des Unionsrechts ausgeweitet werden muss.

(36) Da das Ziel dieser Verordnung, nämlich einen Beitrag zum reibungslosen Funktionieren des Binnenmarkts in der Form zu leisten, dass ein einheitliches Vertragsrecht zur Verfügung gestellt wird, das für grenzübergreifende Geschäfte in der Europäischen Union verwendet werden kann, von den Mitgliedstaaten allein nicht in ausreichendem Maße erreicht werden kann, sondern sich besser auf Unionsebene verwirklichen lässt, kann die Union im Einklang mit dem Subsidiaritätsgrundsatz in Artikel 5 des Vertrags über die Europäische Union tätig werden. Entsprechend dem in demselben Artikel genannten Grundsatz der Verhältnismäßigkeit geht diese Verordnung nicht über das zur Erreichung dieses Ziels erforderliche Maß hinaus.

(37) Diese Verordnung wahrt die Grundrechte und Grundsätze, wie sie unter anderem in der Charta der Grundrechte der Europäischen Union verankert sind, insbesondere deren Artikel 16, 38 und 47 –

HABEN FOLGENDE VERORDNUNG ERLASSEN:

Art. 1 Ziel und Gegenstand. 1. [1] Zweck dieser Verordnung ist es, die Voraussetzungen für die Errichtung und das Funktionieren des Binnenmarkts zu verbessern, indem ein für die Europäische Union einheitliches Vertragsrecht (das „Gemeinsame Europäische Kaufrecht") zur Verfügung gestellt wird, das in Anhang I dargestellt ist. [2] Dieses Vertragsrecht kann bei grenzübergreifenden Geschäften verwendet werden, die den Kauf von Waren, die Bereitstellung digitaler Inhalte und die Erbringung verbundener Dienstleistungen betreffen, wenn die Parteien eines Vertrags dies vereinbaren.

2. Diese Verordnung ermöglicht es Unternehmern, sich bei allen ihren grenzübergreifenden Geschäften auf gemeinsame Vorschriften zu stützen und dieselben Vertragsbestimmungen zu verwenden, und hilft so, unnötige Kosten zu sparen und gleichzeitig ein hohes Maß an Rechtssicherheit herzustellen.

3. Für Verträge zwischen Unternehmern und Verbrauchern enthält diese Verordnung umfassende Verbraucherschutzvorschriften, um ein hohes Verbraucherschutzniveau zu gewährleisten, das Vertrauen der Verbraucher in den Binnenmarkt zu stärken und die Verbraucher zu Einkäufen im Ausland zu ermutigen.

Art. 2 Begriffsbestimmungen. Für die Zwecke dieser Verordnung bezeichnet der Ausdruck

(a) „Vertrag" eine Vereinbarung, die darauf abzielt, Verpflichtungen oder andere rechtliche Wirkungen herbeizuführen;

(b) „Treu und Glauben und redlicher Geschäftsverkehr" einen Verhaltensmaßstab, der durch Redlichkeit, Offenheit und Rücksicht auf die Interessen der anderen Partei in Bezug auf das fragliche Geschäft oder Rechtsverhältnis gekennzeichnet ist;

(c) „Verlust" den materiellen Verlust sowie den immateriellen Verlust in Form erlittener Schmerzen und erlittenen Leids, ausgenommen jedoch andere Formen des immateriellen Verlusts wie Beeinträchtigungen der Lebensqualität oder entgangene Freude;

(d) „Standardvertragsbestimmungen" Vertragsbestimmungen, die vorab für mehrere Geschäfte und verschiedene Vertragsparteien verfasst und im Sinne von Artikel 7 des Gemeinsamen Europäischen Kaufrechts nicht individuell von den Vertragsparteien ausgehandelt wurden;

(e) „Unternehmer" jede natürliche oder juristische Person, die für die Zwecke ihrer gewerblichen, geschäftlichen, handwerklichen oder beruflichen Tätigkeit handelt;

(f) „Verbraucher" jede natürliche Person, die nicht für die Zwecke einer gewerblichen, geschäftlichen, handwerklichen oder beruflichen Tätigkeit handelt;

(g) „Schadensersatz" einen Geldbetrag, zu dem eine Person als Entschädigung für einen erlittenen Verlust oder einen körperlichen oder sonstigen Schaden berechtigt sein kann;

(h) „Waren" bewegliche körperliche Gegenstände, ausgenommen:

i) Strom und Erdgas sowie

ii) Wasser und andere Formen von Gas, es sei denn, sie werden in einem begrenzten Volumen oder in einer bestimmten Menge zum Verkauf angeboten;

(i) „Preis" Geld, das im Austausch für eine gekaufte Ware, für bereitgestellte digitale Inhalte oder eine erbrachte verbundene Dienstleistung geschuldet ist;

(j) „digitale Inhalte" Daten, die – gegebenenfalls auch nach Kundenspezifikationen – in digitaler Form hergestellt und bereitgestellt werden, darunter Video-, Audio-, Bild- oder schriftliche Inhalte, digitale Spiele, Software und digitale Inhalte, die eine Personalisierung bestehender Hardware oder Software ermöglichen, jedoch ausgenommen:

i) elektronische Finanzdienstleistungen, einschließlich Online-Banking,

ii) Rechts- oder Finanzberatungsleistungen, die in elektronischer Form erbracht werden,

iii) elektronische Gesundheitsdienstleistungen,

iv) elektronische Kommunikationsdienste und -netze mit den dazugehörigen Einrichtungen und Diensten,

v) Glücksspiele,

vi) die Erstellung neuer digitaler Inhalte oder die Veränderung vorhandener digitaler Inhalte durch den Verbraucher oder jede sonstige Interaktion mit den Schöpfungen anderer Nutzer;

(k) „Kaufvertrag" einen Vertrag, nach dem der Unternehmer (der „Verkäufer") das Eigentum an einer Ware auf eine andere Person (den „Käufer") überträgt oder sich zur Übertragung des Eigentums an einer Ware auf den Käufer verpflichtet und der Käufer den Preis zahlt oder sich zur Zahlung des Preises verpflichtet, einschließlich Verträgen über die Lieferung von Waren, die noch hergestellt oder erzeugt werden müssen, und ausgenommen Verträge, die den Kauf zwangsversteigerter Waren betreffen oder auf sonstige Weise mit der Ausübung öffentlicher Gewalt verbunden sind;

(l) „Verbraucherkaufvertrag" einen Kaufvertrag, bei dem der Verkäufer ein Unternehmer und der Käufer ein Verbraucher ist;

(m) „verbundene Dienstleistung" jede Dienstleistung im Zusammenhang mit Waren oder digitalen Inhalten wie Montage, Installierung, Instandhaltung, Reparatur oder sonstige Handreichungen, die vom Verkäufer der Waren oder vom Lieferanten der digitalen Inhalte auf der Grundlage des Kaufvertrags, des Vertrags über die Bereitstellung digitaler Inhalte oder auf der Grundlage eines gesonderten Vertrags über verbundene Dienstleistungen erbracht werden, der zeitgleich mit dem Kaufvertrag oder dem Vertrag über die Bereitstellung digitaler Inhalte geschlossen wurde, jedoch ausgenommen

i) Transportleistungen,

ii) Schulungen,

iii) Unterstützungsleistungen im Telekommunikationsbereich und

iv) Finanzdienstleistungen;

(n) „Dienstleister" einen Verkäufer von Waren oder Lieferanten digitaler Inhalte, der sich verpflichtet, für einen Verbraucher eine mit diesen Waren oder digitalen Inhalten verbundene Dienstleistung zu erbringen;

(o) „Kunde" jede Person, die eine verbundene Dienstleistung erwirbt;

(p) „Fernabsatzvertrag" jeden Vertrag zwischen einem Unternehmer und einem Verbraucher im Rahmen eines organisierten Fernabsatzsystems, der ohne gleichzeitige körperliche Anwesenheit des Unternehmers beziehungsweise, falls der Unternehmer eine juristische Person ist, der ihn vertretenden natürlichen Person und des Verbrauchers geschlossen wird, wobei bis zum Zeitpunkt des Vertragsschlusses ausschließlich ein oder mehrere Fernkommunikationsmittel verwendet werden;

(q) „außerhalb von Geschäftsräumen geschlossener Vertrag" jeden Vertrag zwischen einem Unternehmer und einem Verbraucher, der

i) bei gleichzeitiger körperlicher Anwesenheit des Unternehmers beziehungsweise, falls der Unternehmer eine juristische Person ist, der ihn vertretenden natürlichen Person und des Verbrauchers an einem Ort geschlossen wird, der kein Geschäftsraum des Unternehmers ist, oder der aufgrund eines Angebots des Verbrauchers unter denselben Umständen geschlossen wird, oder

ii) in den Geschäftsräumen des Unternehmers oder durch Fernkommunikationsmittel geschlossen wird, und zwar unmittelbar nachdem der Verbraucher an einem anderen Ort als den Geschäftsräumen des Unternehmers bei gleichzeitiger körperlicher Anwesenheit des Unternehmers beziehungsweise, falls der Unternehmer eine juristische Person ist, einer ihn vertretenden natürlichen Person und des Verbrauchers persönlich und individuell angesprochen wurde, oder

iii) auf einem Ausflug geschlossen wird, der von dem Unternehmer beziehungsweise, falls der Unternehmer eine juristische Person ist, von einer ihn vertretenden natürlichen Person organisiert wurde, wenn damit die Werbung für und der Verkauf von Waren, die Lieferung digitaler Inhalte beziehungsweise die Erbringung von Dienstleistungen an den Verbraucher bezweckt oder bewirkt wird;

(r) „Geschäftsräume"

i) unbewegliche Verkaufsstätten, in denen der Unternehmer seine Tätigkeit dauerhaft ausübt, oder

ii) bewegliche Verkaufsstätten, in denen der Unternehmer seine Tätigkeit regelmäßig ausübt;

(s) „gewerbliche Garantie" jedes vom Unternehmer oder Hersteller dem Verbraucher gegenüber zusätzlich zu seinen rechtlichen Verpflichtungen gemäß Artikel 106 im Falle von Vertragswidrigkeit eingegangene Versprechen, den Kaufpreis zu erstatten oder Waren beziehungsweise digitale Inhalte zu ersetzen, zu reparieren oder Kundendienstleistungen für sie zu erbringen, falls sie nicht die Eigenschaften aufweisen oder andere nicht mit der Vertragsmäßigkeit verbundene Anforderungen erfüllen sollten, die in der Garantieerklärung oder der einschlägigen Werbung, wie sie bei oder vor dem Abschluss des Vertrags verfügbar war, beschrieben sind;

(t) „dauerhafter Datenträger" jeden Datenträger, der es einer Partei gestattet, an sie persönlich gerichtete Informationen so zu speichern, dass sie sie in der Folge für eine für die Zwecke der Information angemessene Dauer einsehen kann, und der die unveränderte Wiedergabe der gespeicherten Informationen ermöglicht;

(u) „öffentliche Versteigerung" eine Verkaufsmethode, bei der der Unternehmer dem Verbraucher, der der Versteigerung persönlich beiwohnt oder dem diese Möglichkeit gewährt wird, Waren oder digitale Inhalte anbietet, und zwar in einem vom Versteigerer durchgeführten, auf konkurrierenden Geboten basierenden Verfahren, bei dem derjenige, der den Zuschlag erhalten hat, zum Erwerb der Waren oder digitalen Inhalte verpflichtet ist;

(v) „zwingende Vorschrift" jede Vorschrift, deren Anwendung die Parteien nicht ausschließen, von der sie nicht abweichen und deren Wirkung sie nicht abändern dürfen;

(w) „Gläubiger" eine Person, die ein Recht auf Erfüllung einer Verpflichtung finanzieller oder nicht finanzieller Natur gegen eine andere Person, den Schuldner, hat;

(x) „Schuldner" eine Person, die eine Verpflichtung finanzieller oder nicht finanzieller Natur gegen eine andere Person, den Gläubiger, hat;

(y) „Verpflichtung" eine Pflicht zu leisten, die eine Partei eines Rechtsverhältnisses einer anderen Partei schuldet.

Art. 3 Fakultativer Charakter des Gemeinsamen Europäischen Kaufrechts. Die Parteien können vereinbaren, dass für ihre grenzübergreifenden Verträge über den Kauf von Waren oder die Bereitstellung digitaler Inhalte sowie die Erbringung verbundener Dienstleistungen innerhalb des in den Artikeln 4 bis 7 abgesteckten räumlichen, sachlichen und persönlichen Geltungsbereichs das Gemeinsame Europäische Kaufrecht gilt.

Art. 4 Grenzübergreifende Verträge. 1. Das Gemeinsame Europäische Kaufrecht kann für grenzübergreifende Verträge verwendet werden.

2. Für die Zwecke dieser Verordnung ist ein Vertrag zwischen Unternehmern ein grenzübergreifender Vertrag, wenn die Parteien ihren gewöhnlichen Aufenthalt in verschiedenen Staaten haben, von denen mindestens einer ein EU-Mitgliedstaat ist.

3. Für die Zwecke dieser Verordnung ist ein Vertrag zwischen einem Unternehmer und einem Verbraucher ein grenzübergreifender Vertrag, wenn

(a) sich die Anschrift des Verbrauchers, die Lieferanschrift oder die Rechnungsanschrift in einem anderen Staat als dem Staat befindet, in dem der Unternehmer seinen gewöhnlichen Aufenthalt hat, und

(b) mindestens einer dieser Staaten ein EU-Mitgliedstaat ist.

4. [1] Für die Zwecke dieser Verordnung ist der Ort des gewöhnlichen Aufenthalts von Gesellschaften, Vereinen und juristischen Personen der Ort ihrer Hauptverwaltung. [2] Der gewöhnliche Aufenthalt eines Unternehmers, bei dem es sich um eine natürliche Person handelt, ist der Hauptgeschäftssitz dieser Person.

5. Wird der Vertrag im Rahmen der Geschäftstätigkeit einer Zweigniederlassung, Agentur oder sonstigen Niederlassung eines Unternehmers geschlossen, so gilt der Ort, an dem sich die Zweigniederlassung, Agentur oder sonstige Niederlassung befindet, als gewöhnlicher Aufenthalt des Unternehmers.

6. Für die Einstufung eines Vertrags als grenzübergreifender Vertrag ist der Zeitpunkt maßgebend, zu dem die Verwendung des Gemeinsamen Europäischen Kaufrechts vereinbart wurde.

Art. 5 Verträge, für die das Gemeinsame Europäische Kaufrecht verwendet werden kann. Das Gemeinsame Europäische Kaufrecht kann verwendet werden für:

(a) Kaufverträge,

(b) Verträge über die Bereitstellung digitaler Inhalte gleich, ob auf einem materiellen Datenträger oder nicht, die der Nutzer speichern, verarbeiten oder wiederverwenden kann oder zu denen er Zugang erhält, unabhängig davon, ob die Bereitstellung gegen Zahlung eines Preises erfolgt oder nicht,

(c) Verträge über verbundene Dienstleistungen, gleich, ob hierfür ein gesonderter Preis vereinbart wurde oder nicht.

Art. 6 Ausschluss von Mischverträgen und Verträgen, die mit einem Verbraucherkredit verbunden sind. 1. Das Gemeinsame Europäische Kaufrecht darf nicht für Mischverträge verwendet werden, die neben dem Kauf von Waren, der Bereitstellung digitaler Inhalte und der Erbringung verbundener Dienstleistungen im Sinne von Artikel 5 noch andere Elemente beinhalten.

2. [1] Das Gemeinsame Europäische Kaufrecht darf nicht für Verträge zwischen einem Unternehmer und einem Verbraucher verwendet werden, bei denen der Unternehmer dem Verbraucher einen Kredit in Form eines Zahlungsaufschubs, eines Darlehens oder einer vergleichbaren Finanzierungshilfe gewährt oder zu gewähren verspricht. [2] Möglich ist die Verwendung des Gemeinsamen Europäischen Kaufrechts bei Verträgen zwischen einem Unternehmer und einem Verbraucher, bei denen Waren, digitale Inhalte oder verbundene Dienstleistungen gleicher Art regelmäßig geliefert, bereitgestellt oder erbracht und vom Verbraucher für die Dauer der Leistungen in Raten bezahlt werden.

Art. 7 Vertragsparteien. 1. [1] Das Gemeinsame Europäische Kaufrecht darf nur verwendet werden, wenn der Verkäufer der Waren oder der Lieferant der digitalen Inhalte Unternehmer ist. [2] Sind alle Parteien Unternehmer, kann das Gemeinsame Europäische Kaufrecht verwendet werden, wenn mindestens eine dieser Parteien ein kleines oder mittleres Unternehmen („KMU") ist.

2. Für die Zwecke dieser Verordnung ist ein KMU ein Unternehmer, der

(a) weniger als 250 Personen beschäftigt und

(b) einen Jahresumsatz von höchstens 50 Mio. EUR oder eine Jahresbilanzsumme von höchstens 43 Mio. EUR hat beziehungsweise im Falle von KMU, die ihren gewöhnlichen Aufenthalt in einem Drittstaat oder in einem Mitgliedstaat haben, dessen Währung nicht der Euro ist, einen Jahresumsatz oder eine Jahresbilanzsumme, die den genannten Beträgen in der Währung des betreffenden Mitglied- oder Drittstaats entspricht.

Art. 8 Vereinbarung über die Verwendung des Gemeinsamen Europäischen Kaufrechts. 1. [1] Die Verwendung des Gemeinsamen Europäischen Kaufrechts muss von den Parteien vereinbart werden. [2] Das Bestehen einer solchen Vereinbarung und ihre Gültigkeit bestimmen sich nach den Absätzen 2 und 3 und nach Artikel 9 sowie nach den einschlägigen Bestimmungen des Gemeinsamen Europäischen Kaufrechts.

2. [1] Im Verhältnis zwischen einem Unternehmer und einem Verbraucher ist die Vereinbarung über die Verwendung des Gemeinsamen Europäischen Kaufrechts nur gültig, wenn der Verbraucher hierin ausdrücklich und gesondert von seiner Erklärung, mit der er dem Vertragsschluss zustimmt, einwilligt.

[2] Der Unternehmer übermittelt dem Verbraucher auf einem dauerhaften Datenträger eine Bestätigung dieser Vereinbarung.

3. Im Verhältnis zwischen einem Unternehmer und einem Verbraucher darf das Gemeinsame Europäische Kaufrecht nicht in Teilen, sondern nur in seiner Gesamtheit verwendet werden.

Art. 9 Standard-Informationsblatt bei Verträgen zwischen einem Unternehmer und einem Verbraucher. 1. [1] Im Verhältnis zwischen einem Unternehmer und einem Verbraucher muss der Unternehmer zusätzlich zu den vorvertraglichen Informationspflichten gemäß dem Gemeinsamen Europäischen Kaufrecht den Verbraucher vor der Vereinbarung auf die beabsichtigte Verwendung des Gemeinsamen Europäischen Kaufrechts hinweisen, indem er ihm das Informationsblatt in Anhang II mit deutlichem Hinweis darauf übermittelt. [2] Wird die Verwendung des Gemeinsamen Europäischen Kaufrechts telefonisch oder auf eine andere Weise vereinbart, die es nicht erlaubt, dem Verbraucher das Informationsblatt zu übermitteln, oder hat es der Unternehmer versäumt, das Informationsblatt zu übermitteln, so ist der Verbraucher erst dann an die Vereinbarung gebunden, wenn er die Bestätigung nach Artikel 8 Absatz 2 zusammen mit dem Informationsblatt erhalten und der Verwendung des Gemeinsamen Europäischen Kaufrechts daraufhin ausdrücklich zugestimmt hat.

2. Das in Absatz 1 genannte Informationsblatt wird, wenn es in elektronischer Form geliefert wird, über einen Hyperlink zugänglich gemacht oder enthält ansonsten die Adresse einer Website, über die der Text des Gemeinsamen Europäischen Kaufrechts kostenlos abgerufen werden kann.

Art. 10 Sanktionen wegen Verletzung bestimmter Pflichten. [1] Die Mitgliedstaaten legen Sanktionen für Verstöße gegen die in Artikel 8 und 9 niedergelegten Pflichten fest, die Unternehmern im Verhältnis zu Verbrauchern obliegen, und ergreifen alle erforderlichen Maßnahmen, um sicherzustellen, dass diese Sanktionen angewandt werden. [2] Die Sanktionen müssen wirksam, verhältnismäßig und abschreckend sein. [3] Die Mitgliedstaaten teilen der Kommission die einschlägigen Vorschriften spätestens [*1 Jahr nach Beginn der Anwendung dieser Verordnung*] und alle späteren Änderungen so bald wie möglich mit.

Art. 11 Folgen der Verwendung des Gemeinsamen Europäischen Kaufrechts. [1] Haben die Parteien eine gültige Vereinbarung über die Verwendung des Gemeinsamen Europäischen Kaufrechts für einen Vertrag getroffen, so ist nur das Gemeinsame Europäische Kaufrecht für die darin geregelten Fragen maßgebend. [2] Sofern der Vertrag tatsächlich zustande gekommen ist, gilt das Gemeinsame Europäische Kaufrecht auch für die Erfüllung der vorvertraglichen Informationspflichten und die Abhilfen bei deren Verletzung.

Art. 12 Informationspflichten aufgrund der Dienstleistungsrichtlinie. Diese Verordnung lässt die Informationspflichten unberührt, die in einzelstaatlichen Gesetzen zur Umsetzung der Richtlinie 2006/123/EG des Europäischen Parlaments und des Rates vom 12. Dezember 2006 über

Dienstleistungen im Binnenmarkt festgelegt sind und die Informationspflichten des Gemeinsamen Europäischen Kaufrechts ergänzen.

Art. 13 Optionen der Mitgliedstaaten. Ein Mitgliedstaat kann beschließen, dass das Gemeinsame Europäische Kaufrecht für Verträge verwendet werden darf,

(a) wenn sich der gewöhnliche Aufenthalt der Unternehmer beziehungsweise im Falle eines Vertrags zwischen einem Unternehmer und einem Verbraucher der gewöhnliche Aufenthalt des Unternehmers, die Anschrift des Verbrauchers, die Lieferanschrift für die Waren oder die Rechnungsanschrift in diesem Mitgliedstaat befinden, und/oder

(b) wenn alle Vertragsparteien Unternehmer sind, aber keiner davon ein KMU nach Maßgabe von Artikel 7 Absatz 2 ist.

Art. 14 Übermittlung von Urteilen zur Anwendung dieser Verordnung. 1. Die Mitgliedstaaten stellen sicher, dass rechtskräftige Urteile ihrer Gerichte zur Anwendung der Vorschriften dieser Verordnung unverzüglich der Kommission übermittelt werden.

2. [1] Die Kommission richtet ein System ein, mit dem Informationen über die Urteile gemäß Absatz 1 sowie einschlägige Urteile des Gerichtshofs der Europäischen Union abgerufen werden können. [2] Dieses System ist der Öffentlichkeit zugänglich.

Art. 15 Überprüfung. 1. [1] Spätestens am ... [*4 Jahre nach Beginn der Anwendung dieser Verordnung*] übermitteln die Mitgliedstaaten der Kommission Informationen über die Anwendung dieser Verordnung, insbesondere darüber, inwieweit das Gemeinsame Europäische Kaufrecht akzeptiert wird, seine Vorschriften Anlass zu Rechtsstreitigkeiten gaben und sich Unterschiede im Verbraucherschutzniveau auftun, je nachdem, ob das Gemeinsame Europäische Kaufrecht oder innerstaatliches Recht zur Anwendung kommt. [2] Dazu gehört auch ein umfassender Überblick über die Rechtsprechung der mitgliedstaatlichen Gerichte zur Auslegung des Gemeinsamen Europäischen Kaufrechts.

2. Spätestens am ... [*5 Jahre nach Beginn der Anwendung dieser Verordnung*] legt die Kommission dem Europäischen Parlament, dem Rat und dem Europäischen Wirtschafts- und Sozialausschuss einen ausführlichen Bericht vor, in dem das Funktionieren dieser Verordnung unter anderem unter Berücksichtigung der Notwendigkeit überprüft wird, ihren Anwendungsbereich in Bezug auf Verträge zwischen Unternehmen sowie hinsichtlich der Markt- und technologischen Entwicklungen bei digitalen Inhalten und der künftigen Entwicklungen des Unionsrechts auszuweiten.

Art. 16 Inkrafttreten und Anwendung. 1. Diese Verordnung tritt am zwanzigsten Tag nach ihrer Veröffentlichung im *Amtsblatt der Europäischen Union* in Kraft.

2. Sie gilt ab dem ... [*6 Monate nach ihrem Inkrafttreten*].

Diese Verordnung ist in allen ihren Teilen verbindlich und gilt unmittelbar in jedem Mitgliedstaat.

Anhang I
Gemeinsames Europäisches Kaufrecht

(abgedruckt unter Nr. **2***)*

Anhang II
Standard-Informationsblatt

Sie sind dabei, einen Vertrag auf der Grundlage des Gemeinsamen Europäischen Kaufrechts abzuschließen, das den Verbrauchern bei Verträgen mit länderübergreifendem Bezug als Alternative zum nationalen Vertragsrecht zur Verfügung steht. Das Gemeinsame Europäische Kaufrecht gilt in der ganzen Europäischen Union und gewährleistet ein hohes Maß an Verbraucherschutz.
Die Bestimmungen des Gemeinsamen Europäischen Kaufrechts finden auf den Vertrag nur mit Ihrer ausdrücklichen Einwilligung Anwendung.
Sollten Sie telefonisch oder auf andere Weise (z.B. per SMS) einem Vertrag zugestimmt haben und konnten deshalb von diesem Informationsblatt keine Kenntnis nehmen, wird der Vertrag erst gültig, nachdem Sie dieses Informationsblatt erhalten und Ihre Einwilligung bestätigt haben.

Ihre wichtigsten Rechte sind nachstehend beschrieben.

Das Gemeinsame Europäische Kaufrecht: Kurzdarstellung der Wichtigsten Verbraucherrechte

Ihre Rechte vor Unterzeichnung des Vertrags

Der Verkäufer muss Sie über die wesentlichen **Vertragsdetails informieren**, zum Beispiel über die Ware und den Preis (inklusive aller Abgaben und sonstigen Kosten), und Ihnen seine Kontaktangaben mitteilen. Die Informationen müssen besonders ausführlich sein, wenn Sie etwas außerhalb der Geschäftsräume des Verkäufers kaufen oder den Verkäufer überhaupt nicht zu Gesicht bekommen, zum Beispiel bei einem Kauf im Internet oder per Telefon. Bei unvollständigen oder Falschangaben haben Sie Anspruch auf Schadensersatz.

Ihre Rechte nach Unterzeichnung des Vertrags

In den meisten Fällen haben Sie 14 Tage Zeit, um **den Kauf zu widerrufen**, wenn Sie die Waren außerhalb der Geschäftsräume des Verkäufers erworben oder diesen bis zum Zeitpunkt des Kaufs gar nicht getroffen haben (beispielsweise bei einem Kauf im Internet oder per Telefon). Der Verkäufer muss Sie darüber informieren und dafür sorgen, dass Sie das Standard-**Widerrufsformular**[1] erhalten. Hat er dies versäumt, können Sie den Vertrag innerhalb eines Jahres widerrufen.
Was können Sie tun, wenn Produkte fehlerhaft sind oder nicht wie vereinbart geliefert wurden? Sie haben die Wahl zwischen 1) Lieferung 2) Ersatz oder 3) Reparatur der Ware 4) Minderung, d.h. sie verlangen einen

[1] **Amtl. Anm.:** [Entsprechenden Link einfügen]

Preisnachlass, 5) Rücktritt vom Vertrag, d.h. Sie geben das Produkt zurück und lassen sich das Geld erstatten, es sei denn, der Mangel ist sehr gering, 6) Schadensersatz. Den Preis müssen Sie erst zahlen, wenn Sie ein fehlerfreies Produkt erhalten haben.

Wurde eine verbundene *Dienstleistung* nicht so erbracht wie im Vertrag zugesagt, haben Sie ähnliche Rechte. Nachdem Sie sich beschwert haben, hat der Dienstleister jedoch normalerweise zunächst das Recht zu versuchen, seinen Auftrag ordnungsgemäß auszuführen. Erst wenn ihm dies wieder nicht gelingt, können Sie wählen: 1) Sie fordern den Dienstleister noch einmal auf, die verbundene Dienstleistung zu erbringen. 2) Sie zahlen erst, wenn die Dienstleistung ordnungsgemäß erbracht worden ist. 3) Sie verlangen einen Preisnachlass. 4) Sie verlangen Schadensersatz. 5) Sie treten vom Vertrag zurück und lassen sich das Geld erstatten, es sei denn, das Versäumnis bei der Erbringung der Dienstleistung ist sehr gering.

Frist für die Geltendmachung Ihrer Rechte, wenn Produkte fehlerhaft sind oder nicht wie vereinbart geliefert wurden: Nachdem Sie festgestellt haben oder hätten feststellen müssen, dass der Verkäufer oder Dienstleister eine vertraglich vereinbarte Leistung nicht vertragsgemäß erbracht hat, haben Sie 2 Jahre Zeit, um Ihre Rechte geltend zu machen. Tritt das Versäumnis erst sehr spät zutage, ist der letztmögliche Zeitpunkt, zu dem Sie Ihre Ansprüche anmelden können, 10 Jahre nach dem Zeitpunkt, zu dem der Verkäufer oder Dienstleister die Waren liefern beziehungsweise die digitalen Inhalte bereitstellen oder die verbundene Dienstleistung erbringen musste.

Schutz vor unfairen Bestimmungen: Unfaire Standardvertragsbestimmungen sind für Sie rechtlich nicht verbindlich.

Ihre Rechte wurden hier nur kurz dargestellt; die Aufzählung ist daher weder erschöpfend noch geht sie sehr ins Detail. Den vollständigen Text des Gemeinsamen Europäischen Kaufrechts finden Sie **hier**[1]. Lesen Sie Ihren Vertrag bitte sorgfältig durch.

Im Streitfall ist eine rechtliche Beratung zu empfehlen.

---

[1] **Amtl. Anm.:** [Entsprechenden Link einfügen]

2. Gemeinsames Europäisches Kaufrecht

(Anhang I zum Vorschlag für eine Verordnung des Europäischen Parlaments und des Rates über ein Gemeinsames Europäisches Kaufrecht)

Inhaltsübersicht

Teil I. Einleitende Bestimmungen

Kapitel 1. Allgemeine Grundsätze und Anwendung

Abschnitt 1. Allgemeine Grundsätze

Art. 1 Vertragsfreiheit. 1. Den Parteien steht es, vorbehaltlich einschlägiger zwingender Vorschriften, frei, einen Vertrag zu schließen und dessen Inhalt zu bestimmen.

2. Die Parteien können die Anwendung von Bestimmungen des Gemeinsamen Europäischen Kaufrechts ausschließen, davon abweichen oder ihre Wirkungen abändern, sofern in diesen Bestimmungen nichts anderes bestimmt ist.

Art. 2 Treu und Glauben und redlicher Geschäftsverkehr. 1. Jede Partei hat die Pflicht, im Einklang mit dem Gebot von Treu und Glauben und des redlichen Geschäftsverkehrs zu handeln.

2. Verletzt eine Partei diese Pflicht, so kann sie das von der Ausübung oder Geltendmachung von Rechten, Abhilfen oder Einwänden, die ihr sonst zugestanden hätten, ausschließen, oder es kann sie für jeden Verlust, der der anderen Partei dadurch entsteht, haftbar machen.

3. Die Parteien dürfen die Anwendung dieses Artikels nicht ausschließen, davon abweichen oder dessen Wirkungen abändern.

Art. 3 Zusammenarbeit. Die Parteien sind zur Zusammenarbeit miteinander verpflichtet, soweit dies im Hinblick auf die Erfüllung ihrer vertraglichen Verpflichtungen von ihnen erwartet werden kann.

Abschnitt 2. Anwendung

Art. 4 Auslegung. 1. Das Gemeinsame Europäische Kaufrecht ist autonom und im Einklang mit den ihm zugrunde liegenden Zielen und Grundsätzen auszulegen.

2. Fragen, die in den Anwendungsbereich des Gemeinsamen Europäischen Kaufrechts fallen, jedoch darin nicht ausdrücklich geregelt sind, sind im Einklang mit den ihm zugrunde liegenden Zielen und Grundsätzen und all seinen Bestimmungen und ohne Rückgriff auf das einzelstaatliche Recht, das in Ermangelung einer Vereinbarung über die Verwendung des Gemeinsamen Europäischen Kaufrechts anwendbar wäre, beziehungsweise auf jedes andere Recht zu regeln.

3. Sind eine allgemeine Vorschrift und eine besondere Vorschrift auf eine bestimmte Situation im Anwendungsbereich der allgemeinen Vorschrift anwendbar, so geht die besondere Vorschrift im Konfliktfall vor.

Art. 5 Angemessenheit, Vernünftigkeit. 1. Was „angemessen" oder „vernünftig" ist, ist objektiv unter Berücksichtigung der Art und des Zwecks des Vertrags, der Umstände des Einzelfalls und der Gebräuche und Gepflogenheiten der jeweiligen Gewerbe oder Berufe zu bestimmen.

2. Was eine Person erwarten oder von ihr oder in einer bestimmten Situation erwartet werden darf, ist das, was vernünftigerweise erwartet werden darf.

Art. 6 Formfreiheit. Soweit das Gemeinsame Europäische Kaufrecht nichts anderes vorschreibt, brauchen Verträge, Erklärungen oder sonstige Handlungen, die ihm unterliegen, nicht in einer bestimmten Form vorgenommen oder nachgewiesen zu werden.

Art. 7 Nicht individuell ausgehandelte Vertragsbestimmungen. 1. Eine Vertragsbestimmung ist nicht individuell ausgehandelt, wenn sie von einer

Partei gestellt wurde und die andere Partei nicht in der Lage war, ihren Inhalt zu beeinflussen.

2. Stellt eine Partei der anderen Partei eine Auswahl an Vertragsbestimmungen zur Verfügung, so wird die Bestimmung nicht allein deshalb als individuell ausgehandelt angesehen, weil die andere Partei diese Bestimmung ausgewählt hat.

3. Behauptet eine Partei, eine als Teil von Standardvertragsbestimmungen gestellte Vertragsbestimmung sei nach der erstmaligen Bereitstellung individuell ausgehandelt worden, so trägt diese Partei die Beweislast dafür.

4. In einem Vertrag zwischen einem Unternehmer und einem Verbraucher trägt der Unternehmer die Beweislast dafür, dass eine vom Unternehmer gestellte Vertragsbestimmung individuell ausgehandelt wurde.

5. In einem Vertrag zwischen einem Unternehmer und einem Verbraucher gelten von einem Dritten entworfene Vertragsbestimmungen als vom Unternehmer gestellt, es sei denn, sie wurden vom Verbraucher in den Vertrag eingebracht.

Art. 8 Beendigung des Vertrags. 1. Eine „Beendigung des Vertrags" beendet die Rechte und Verpflichtungen der Parteien aus dem Vertrag bis auf diejenigen, die sich aus einer Vertragsbestimmung über die Streitbeilegung oder einer anderen Vertragsbestimmung, die auch nach einer Beendigung des Vertrags anzuwenden ist, ergeben.

2. [1] Bereits vor der Beendigung des Vertrags fällige Zahlungen und Schadensersatzleistungen wegen Nichterfüllung bleiben zu zahlen. [2] Wird der Vertrag wegen Nichterfüllung oder zu erwartender Nichterfüllung beendet, so hat die den Vertrag beendende Partei anstelle der künftigen Erfüllung der anderen Partei auch Anspruch auf Schadensersatz.

3. Die Wirkungen einer Beendigung des Vertrags auf die Rückzahlung des Preises und die Rückgabe der Waren oder digitalen Inhalte sowie sonstige Wirkungen der Rückabwicklung bestimmen sich nach den Vorschriften des Kapitels 17 über die Rückabwicklung.

Art. 9 Gemischte Verträge. 1. Sieht ein Vertrag sowohl den Kauf von Waren oder die Bereitstellung digitaler Inhalte als auch die Erbringung einer verbundenen Dienstleistung vor, so gelten die Vorschriften von Teil IV für die Verpflichtungen und Abhilfen der Parteien als Verkäufer und Käufer von Waren oder digitalen Inhalten und die Vorschriften von Teil V für die Verpflichtungen und Abhilfen der Parteien als Dienstleister und Kunde.

2. Sind bei einem unter Absatz 1 fallenden Vertrag die Verpflichtungen des Verkäufers und Dienstleisters aus dem Vertrag in selbständigen Teilleistungen zu erfüllen oder auf andere Weise teilbar, so kann der Käufer und Kunde, wenn für einen Teil der Leistung, dem ein Preis zugeordnet werden kann, ein Beendigungsgrund wegen Nichterfüllung besteht, den Vertrag nur in Bezug auf diesen Teil beenden.

3. Absatz 2 gilt nicht, wenn vom Käufer und Kunden nicht erwartet werden kann, dass er die Leistung der anderen Teile annimmt, oder die Nichterfüllung die Beendigung des gesamten Vertrags rechtfertigt.

4. Sind die vertraglichen Verpflichtungen des Verkäufers und Dienstleisters nicht teilbar oder kann einem Teil der Leistung kein Preis zugeordnet werden, so kann der Käufer und Kunde den Vertrag nur beenden, wenn die Nichterfüllung die Beendigung des gesamten Vertrags rechtfertigt.

Art. 10 Mitteilung. 1. [1] Dieser Artikel gilt für alle Mitteilungen für die Zwecke des Gemeinsamen Europäischen Kaufrechts und des Vertrags. [2] Der Begriff „Mitteilung" umfasst die Übermittlung jeder Erklärung, die darauf abzielt, Rechtswirkungen zu haben oder einem rechtlichen Zweck dienende Informationen weiterzugeben.

2. Eine Mitteilung kann auf jede nach den Umständen geeignete Weise abgegeben werden.

3. Eine Mitteilung wird wirksam, wenn sie dem Empfänger zugeht, es sei denn, sie bestimmt einen späteren Eintritt der Wirkung.

4. Eine Mitteilung geht dem Empfänger zu,

(a) wenn sie dem Empfänger übermittelt wird,

(b) wenn sie an seinen Geschäftssitz oder, falls er keinen Geschäftssitz hat oder die Mitteilung an einen Verbraucher gerichtet ist, an den Ort des gewöhnlichen Aufenthalts des Empfängers übermittelt wird,

(c) wenn sie im Falle einer Mitteilung, die durch E-Mail oder eine sonstige individuelle elektronische Nachricht übermittelt wird, vom Empfänger abgerufen werden kann oder

(d) wenn sie dem Empfänger anderweitig an einem Ort und in einer Weise zugänglich gemacht wird, dass ihr unverzüglicher Abruf durch den Empfänger erwartet werden kann.

Die Mitteilung ist dem Empfänger zugegangen, wenn eine der unter den Buchstaben a, b, c und d genannten Voraussetzungen erfüllt ist, je nachdem, welcher Zeitpunkt der früheste ist.

5. Eine Mitteilung ist unwirksam, wenn ihre Rücknahme dem Empfänger vor oder gleichzeitig mit der Mitteilung zugeht.

6. Im Verhältnis zwischen einem Unternehmer und einem Verbraucher dürfen die Parteien die Anwendung der Absätze 3 und 4 nicht zum Nachteil des Verbrauchers ausschließen, davon abweichen oder dessen Wirkungen abändern.

Art. 11 Berechnung von Fristen. 1. Die Bestimmungen dieses Artikels gelten für die Berechnung aller Fristen für die Zwecke des Gemeinsamen Europäischen Kaufrechts.

2. Vorbehaltlich der Absätze 3 bis 7

(a) beginnt eine in Tagen bemessene Frist am Anfang der ersten Stunde des ersten Tages und endet mit dem Ablauf der letzten Stunde des letzten Tages der Frist;

(b) beginnt eine in Wochen, Monaten oder Jahren bemessene Frist am Anfang der ersten Stunde des ersten Tages der Frist und endet mit dem Ablauf der letzten Stunde desjenigen Tages der letzten Woche, des letzten Monates oder des letzten Jahres, der der gleiche Wochentag ist oder auf das gleiche Datum fällt wie der Tag, an dem die Frist beginnt, mit der Maßgabe, dass bei einer in Monaten oder Jahren bemessenen Frist, wenn der Tag, an dem die Frist enden würde, in dem letzten Monat fehlt, die Frist mit dem Ablauf der letzten Stunde des letzten Tages dieses Monats endet.

3. Ist eine in Tagen, Wochen, Monaten oder Jahren bemessene Frist von einem bestimmten Ereignis, einer bestimmten Handlung oder einem bestimmten Zeitpunkt an zu berechnen, so wird der Tag, an dem das Ereignis stattfindet, die Handlung erfolgt oder der Zeitpunkt eintritt, nicht als in diese Frist fallender Tag mitgerechnet.

4. Fristen umfassen Samstage, Sonntage und Feiertage, soweit sie nicht ausdrücklich ausgenommen oder die Fristen in Arbeitstagen bemessen sind.

5. [1] Fällt der letzte Tag einer Frist auf einen Samstag, einen Sonntag oder einen Feiertag an dem Ort, wo eine festgelegte Handlung vorzunehmen ist, so endet die Frist mit dem Ablauf der letzten Stunde des folgenden Arbeitstages. [2] Diese Bestimmung gilt nicht für Fristen, die von einem bestimmten Datum oder einem bestimmten Ereignis an rückwirkend berechnet werden.

6. Übersendet eine Person einer anderen ein Dokument, das eine Frist zur Antwort oder zur Vornahme einer anderen Handlung setzt, aber nicht angibt, wann die Frist beginnen soll, dann beginnt die Frist, wenn keine entgegenstehenden Anhaltspunkte vorliegen, zu dem Zeitpunkt zu laufen, zu dem das Dokument dem Empfänger zugeht.

7. Für die Zwecke dieses Artikels bezeichnet der Ausdruck

(a) „Feiertag" mit Bezug auf einen Mitgliedstaat oder den Teil eines Mitgliedstaats der Europäischen Union jeden Tag, der als solcher für den Mitgliedstaat oder Teil dieses Mitgliedstaats in einer im Amtsblatt der Europäischen Union veröffentlichten Liste genannt ist, und

(b) „Arbeitstage" alle Tage außer Samstagen, Sonntagen und Feiertagen.

Art. 12 Einseitige Erklärungen oder einseitiges Verhalten. 1. Eine einseitige Absichtserklärung wird so ausgelegt, wie erwartet werden kann, dass die Person, an die sie gerichtet ist, sie versteht.

2. Wollte die Person, die die Erklärung abgegeben hat, einem darin verwendeten Ausdruck eine bestimmte Bedeutung geben und kannte die andere Partei diesen Willen oder hätte sie ihn kennen müssen, so wird der Ausdruck so ausgelegt, wie die Person, die die Erklärung abgegeben hat, ihn verstanden wissen wollte.

3. Die Artikel 59 bis 65 sind auf die Auslegung einseitiger Absichtserklärungen entsprechend anwendbar.

4. Die Vorschriften des Kapitels 5 über Einigungsmängel sind auf die Auslegung einseitiger Absichtserklärungen entsprechend anwendbar.

5. Unter einer Erklärung im Sinne dieses Artikels ist auch ein Verhalten zu verstehen, das als einer Erklärung entsprechend betrachtet werden kann.

Teil II. Zustandekommen eines bindenden Vertrags

Kapitel 2. Vorvertragliche Informationen

Abschnitt 1. Vorvertragliche Informationspflichten des Unternehmers im Verhältnis zum Verbraucher

Art. 13 Informationspflicht beim Abschluss eines im Fernabsatz oder außerhalb von Geschäftsräumen geschlossenen Vertrags. 1. Ein Unternehmer, der im Fernabsatz oder außerhalb von Geschäftsräumen einen Vertrag schließt, hat die Pflicht, den Verbraucher in klarer und verständlicher Form über Folgendes zu informieren, bevor der Vertrag geschlossen wird beziehungsweise bevor der Verbraucher an ein Angebot gebunden ist:

(a) die wesentlichen Merkmale der Waren, digitalen Inhalte oder verbundenen Dienstleistungen, die geliefert, bereitgestellt beziehungsweise erbracht werden sollen, in einem für das Kommunikationsmedium und die Waren, digitalen Inhalte oder verbundenen Dienstleistungen angemessenen Umfang,

(b) den Gesamtpreis und zusätzliche Kosten nach Artikel 14,

(c) die Identität und Anschrift des Unternehmers nach Artikel 15,

(d) die Vertragsbestimmungen nach Artikel 16,

(e) die Widerrufsrechte nach Artikel 17,

(f) gegebenenfalls, ob und unter welchen Bedingungen der Unternehmer Kundendienstleistungen, gewerbliche Garantien und Verfahren für den Umgang mit Beschwerden anbietet,

(g) gegebenenfalls die Möglichkeit des Zugangs zu einem System alternativer Streitbeilegung, dem der Unternehmer unterworfen ist, und die Voraussetzungen für diesen Zugang,

(h) gegebenenfalls die Funktionen digitaler Inhalte, einschließlich der anwendbaren technischen Schutzmaßnahmen, und

(i) gegebenenfalls die Interoperabilität digitaler Inhalte mit Hard- und Software, soweit sie dem Unternehmer bekannt ist oder bekannt sein müsste.

2. Die erteilten Informationen mit Ausnahme der nach Absatz 1 Buchstabe c vorgeschriebenen Anschriften sind Bestandteil des Vertrags und dürfen nicht geändert werden, es sei denn, die Vertragsparteien vereinbaren ausdrücklich etwas anderes.

3. Bei einem Fernabsatzvertrag müssen die nach diesem Artikel vorgeschriebenen Informationen

(a) dem Verbraucher in einer dem verwendeten Fernkommunikationsmittel angepassten Weise erteilt oder zur Verfügung gestellt werden,

(b) in klarer und verständlicher Sprache abgefasst sein und

(c) soweit sie auf einem dauerhaften Datenträger bereitgestellt werden, lesbar sein.

4. Bei einem außerhalb von Geschäftsräumen geschlossenen Vertrag müssen die nach diesem Artikel vorgeschriebenen Informationen

(a) auf Papier oder, sofern der Verbraucher zustimmt, auf einem anderen dauerhaften Datenträger zur Verfügung gestellt werden und

(b) lesbar und in klarer und verständlicher Sprache abgefasst sein.

5. Dieser Artikel gilt nicht, wenn der Vertrag

(a) die Lieferung von Lebensmitteln, Getränken oder sonstigen Haushaltswaren des täglichen Bedarfs betrifft, die von einem Unternehmer im Rahmen häufiger und regelmäßiger Fahrten zur Wohnung, an den Aufenthaltsort oder an den Arbeitsplatz des Verbrauchers geliefert werden;

(b) unter Verwendung von Warenautomaten oder automatisierten Geschäftsräumen geschlossen wird;

(c) außerhalb von Geschäftsräumen geschlossen wird und der Preis – oder bei gleichzeitigem Abschluss mehrerer Verträge der Gesamtpreis der Verträge – 50 EUR oder den entsprechenden Betrag in der für den Vertragspreis vereinbarten Währung nicht übersteigt.

Art. 14 Information über den Preis und zusätzliche Kosten. 1. Die Informationen, die nach Artikel 13 Absatz 1 Buchstabe b zu erteilen sind, müssen sich erstrecken auf

(a) den Gesamtpreis der Waren, digitalen Inhalte oder verbundenen Dienstleistungen einschließlich aller Steuern und sonstigen Abgaben oder in Fällen, in denen der Preis aufgrund der Art der Waren, digitalen Inhalte oder verbundenen Dienstleistungen vernünftigerweise nicht im Voraus berechnet werden kann, die Art der Preisberechnung und

(b) gegebenenfalls alle zusätzlichen Fracht-, Liefer- oder Zustellkosten und sonstigen Kosten oder in Fällen, in denen diese Kosten vernünftigerweise nicht im Voraus berechnet werden können, den Hinweis, dass solche zusätzlichen Kosten anfallen können.

2. [1] Bei unbefristeten Verträgen oder Verträgen, die ein Abonnement enthalten, muss der Gesamtpreis den Gesamtpreis pro Abrechnungszeitraum enthalten. [2] Werden bei solchen Verträgen Festbeträge in Rechnung gestellt, so muss der Gesamtpreis den monatlichen Gesamtpreis enthalten. [3] Kann der Gesamtpreis vernünftigerweise nicht im Voraus berechnet werden, so ist die Art der Preisberechnung anzugeben.

3. Gegebenenfalls hat der Unternehmer den Verbraucher über die Kosten für den Einsatz des für den Vertragsschluss verwendeten Fernkommunikationsmittels zu informieren, sofern diese Kosten nicht nach dem Grundtarif berechnet werden.

Art. 15 Information über die Identität und Anschrift des Unternehmers. Die Informationen, die nach Artikel 13 Absatz 1 Buchstabe c zu erteilen sind, müssen sich erstrecken auf

(a) die Identität des Unternehmers, wie etwa seinen Handelsnamen,

(b) die Anschrift des Ortes, an dem der Unternehmer niedergelassen ist,

(c) gegebenenfalls die Telefonnummer, Faxnummer und E-Mail-Adresse des Unternehmers, damit der Verbraucher schnell Kontakt zu dem Unternehmer aufnehmen und effizient mit ihm kommunizieren kann,

(d) gegebenenfalls die Identität und Anschrift eines anderen Unternehmers, in dessen Namen der Unternehmer handelt, und

(e) falls diese Anschrift von der nach den Buchstaben b und d angegebenen abweicht, die Anschrift des Unternehmers und gegebenenfalls die Anschrift des Unternehmers, in dessen Namen er handelt, an die sich der Verbraucher mit Beschwerden wenden kann.

Art. 16 Information über die Vertragsbestimmungen. Die Informationen, die nach Artikel 13 Absatz 1 Buchstabe d zu erteilen sind, müssen sich erstrecken auf

(a) die Zahlungsbedingungen, die Lieferung der Waren, die Bereitstellung der digitalen Inhalte oder die Erbringung der verbundenen Dienstleistungen und den Termin, bis zu dem der Unternehmer die Waren liefern, die digitalen Inhalte bereitstellen beziehungsweise die verbundenen Dienstleistungen erbringen muss,

(b) gegebenenfalls die Laufzeit des Vertrags, die Mindestdauer der Verpflichtungen des Verbrauchers oder im Falle unbefristeter Verträge oder automatisch verlängerter Verträge die Bedingungen für die Beendigung des Vertrags,

(c) gegebenenfalls den Hinweis, dass der Unternehmer vom Verbraucher die Stellung einer Kaution oder die Leistung anderer finanzieller Sicherheiten verlangen kann, sowie deren Bedingungen,

(d) gegebenenfalls das Bestehen einschlägiger Verhaltenskodizes und darauf, wo Kopien davon erhältlich sind.

Art. 17 Information über Widerrufsrechte beim Abschluss von Verträgen im Fernabsatz oder außerhalb von Geschäftsräumen. 1. Steht dem Verbraucher nach Kapitel 4 ein Widerrufsrecht zu, so müssen sich die Informationen, die nach Artikel 13 Absatz 1 Buchstabe e zu erteilen sind, auf die Bedingungen, Fristen und Verfahren für die Ausübung dieses Rechts nach Anlage 1 sowie auf das Muster-Widerrufsformular nach Anlage 2 erstrecken.

2. Gegebenenfalls müssen sich die Informationen, die nach Artikel 13 Absatz 1 Buchstabe e zu erteilen sind, auf den Hinweis erstrecken, dass der Verbraucher im Widerrufsfall die Kosten für die Rücksendung der Waren zu tragen hat, und bei Fernabsatzverträgen auf den Hinweis, dass der Verbraucher im Widerrufsfall die Kosten für die Rücksendung der Waren zu tragen hat, wenn die Waren ihrem Wesen nach nicht normal mit der Post zurückgesandt werden können.

3. Kann der Verbraucher das Widerrufsrecht ausüben, nachdem er beantragt hat, dass noch während der Widerrufsfrist mit der Erbringung verbundener Dienstleistungen begonnen wird, so müssen sich die Informationen, die nach Artikel 13 Absatz 1 Buchstabe e zu erteilen sind, auf den Hinweis erstrecken, dass der Verbraucher in diesem Fall dem Unternehmer den in Artikel 45 Absatz 5 genannten Betrag zu zahlen hat.

4. [1] Die Informationspflicht nach den Absätzen 1, 2 und 3 kann der Unternehmer dadurch erfüllen, dass er dem Verbraucher die Muster-Widerrufsbelehrung nach Anlage 1 zur Verfügung stellt. [2] Die Informationspflicht des Unternehmers gilt als erfüllt, wenn er dem Verbraucher diese Belehrung ordnungsgemäß ausgefüllt zur Verfügung gestellt hat.

5. Ist nach Artikel 40 Absatz 2 Buchstaben c bis i und Absatz 3 ein Widerrufsrecht nicht vorgesehen, so müssen die Informationen, die nach Artikel 13 Absatz 1 Buchstabe e zu erteilen sind, eine Erklärung des Inhalts umfassen,

dass dem Verbraucher kein Widerrufsrecht zusteht, oder gegebenenfalls, unter welchen Umständen der Verbraucher das Widerrufsrecht verliert.

Art. 18 Außerhalb von Geschäftsräumen geschlossene Verträge – zusätzliche Informationserfordernisse und Bestätigung. 1. Der Unternehmer hat dem Verbraucher eine Kopie des unterzeichneten Vertrags oder die Bestätigung des Vertrags, gegebenenfalls einschließlich der Bestätigung, dass der Verbraucher den Bestimmungen des Artikels 40 Absatz 3 Buchstabe d zugestimmt und sie zur Kenntnis genommen hat, auf Papier oder, sofern der Verbraucher zustimmt, auf einem anderen dauerhaften Datenträger zur Verfügung zu stellen.

2. Wünscht der Verbraucher, dass noch während der Widerrufsfrist nach Artikel 42 Absatz 2 mit der Erbringung verbundener Dienstleistungen begonnen wird, so muss der Unternehmer verlangen, dass der Verbraucher ausdrücklich einen entsprechenden Antrag auf einem dauerhaften Datenträger stellt.

Art. 19 Fernabsatzverträge – zusätzliche Informations- und sonstige Erfordernisse. 1. Ruft ein Unternehmer einen Verbraucher im Hinblick auf den Abschluss eines Fernabsatzvertrags an, so hat er zu Beginn des Gesprächs mit dem Verbraucher seine Identität und gegebenenfalls die Identität der Person, in deren Namen er anruft, sowie den kommerziellen Zweck des Anrufs offenzulegen.

2. [1] Wird der Fernabsatzvertrag durch ein Fernkommunikationsmittel geschlossen, bei dem für die Darstellung der Informationen nur begrenzter Raum beziehungsweise begrenzte Zeit zur Verfügung steht, so hat der Unternehmer über das jeweilige Fernkommunikationsmittel vor Abschluss des Vertrags zumindest die in Absatz 3 genannten Informationen zu erteilen. [2] Die übrigen in Artikel 13 genannten Informationen hat der Unternehmer dem Verbraucher in geeigneter Weise im Einklang mit Artikel 13 Absatz 3 zu erteilen.

3. Bei den nach Absatz 2 vorgeschriebenen Informationen handelt es sich um

(a) die wesentlichen Merkmale der Waren, digitalen Inhalte oder verbundenen Dienstleistungen nach Artikel 13 Absatz 1 Buchstabe a,

(b) die Identität des Unternehmers nach Artikel 15 Buchstabe a,

(c) den Gesamtpreis einschließlich aller in Artikel 13 Absatz 1 Buchstabe b und Artikel 14 Absätze 1 und 2 genannten Kostenelemente,

(d) das Widerrufsrecht und

(e) gegebenenfalls die Laufzeit des Vertrags oder im Falle unbefristeter Verträge die in Artikel 16 Buchstabe b genannten Bedingungen für die Beendigung des Vertrags.

4. [1] Ein telefonisch geschlossener Fernabsatzvertrag ist nur gültig, wenn der Verbraucher das Angebot unterzeichnet oder seine schriftliche Zustimmung übermittelt hat, aus der sein Einverständnis mit dem Abschluss eines Vertrags hervorgeht. [2] Der Unternehmer hat dem Verbraucher eine Bestätigung dieser Einverständniserklärung auf einem dauerhaften Datenträger zur Verfügung zu stellen.

5. [1] Der Unternehmer hat dem Verbraucher eine Bestätigung des geschlossenen Vertrags, gegebenenfalls einschließlich der Bestätigung, dass der Verbraucher den Bestimmungen des Artikels 40 Absatz 3 Buchstabe d zugestimmt und sie zur Kenntnis genommen hat, sowie sämtliche in Artikel 13 genannten Informationen auf einem dauerhaften Datenträger zur Verfügung zu stellen. [2] Der Unternehmer hat diese Informationen innerhalb einer angemessenen Frist nach Abschluss des Fernabsatzvertrags, spätestens aber bei Lieferung der Waren oder vor Beginn der Bereitstellung der digitalen Inhalte oder der Erbringung der verbundenen Dienstleistung zur Verfügung zu stellen, es sei denn, der Verbraucher hat die Informationen bereits vor Abschluss des Fernabsatzvertrags auf einem dauerhaften Datenträger erhalten.

6. Wünscht der Verbraucher, dass noch während der Widerrufsfrist nach Artikel 42 Absatz 2 mit der Erbringung verbundener Dienstleistungen begonnen wird, so muss der Unternehmer verlangen, dass der Verbraucher ausdrücklich einen entsprechenden Antrag auf einem dauerhaften Datenträger stellt.

Art. 20 Informationspflicht beim Abschluss von anderen als im Fernabsatz und außerhalb von Geschäftsräumen geschlossenen Verträgen. 1. Bei anderen als im Fernabsatz und außerhalb von Geschäftsräumen geschlossenen Verträgen hat ein Unternehmer die Pflicht, den Verbraucher in klarer und verständlicher Form über Folgendes zu informieren, bevor der Vertrag geschlossen beziehungsweise bevor der Verbraucher an ein Angebot gebunden ist, sofern sich diese Informationen nicht bereits aus den Umständen ergeben:

(a) die wesentlichen Merkmale der Waren, digitalen Inhalte oder verbundenen Dienstleistungen, die geliefert, bereitgestellt beziehungsweise erbracht werden sollen, in einem für das Kommunikationsmedium und die Waren, digitalen Inhalte oder verbundenen Dienstleistungen angemessenen Umfang,

(b) den Gesamtpreis und zusätzliche Kosten nach Artikel 14 Absatz 1,

(c) die Identität des Unternehmers, wie etwa seinen Handelsnamen, die Anschrift des Ortes, an dem er niedergelassen ist, und seine Telefonnummer,

(d) die Vertragsbestimmungen nach Artikel 16 Buchstaben a und b,

(e) gegebenenfalls, ob und unter welchen Bedingungen der Unternehmer Kundendienstleistungen, gewerbliche Garantien und Verfahren für den Umgang mit Beschwerden anbietet,

(f) gegebenenfalls die Funktionen digitaler Inhalte, einschließlich der anwendbaren technischen Schutzmaßnahmen und

(g) gegebenenfalls die Interoperabilität digitaler Inhalte mit Hard- und Software, soweit sie dem Unternehmer bekannt ist oder bekannt sein müsste.

2. Dieser Artikel gilt nicht, wenn der Vertrag ein Alltagsgeschäft betrifft und zum Zeitpunkt des Vertragsschlusses sofort erfüllt wird.

Art. 21 Beweislast. Der Unternehmer trägt die Beweislast dafür, dass er die nach diesem Abschnitt vorgeschriebenen Informationen erteilt hat.

Art. 22 Zwingender Charakter. Die Parteien dürfen die Anwendung dieses Abschnittes nicht zum Nachteil des Verbrauchers ausschließen, davon abweichen oder dessen Wirkungen abändern.

Abschnitt 2. Vorvertragliche Informationspflichten im Verhältnis zwischen Unternehmern

Art. 23 Offenlegungspflicht in Bezug auf Waren und verbundene Dienstleistungen. 1. Vor Abschluss eines Vertrags zwischen Unternehmern über den Kauf von Waren, die Bereitstellung digitaler Inhalte oder die Erbringung verbundener Dienstleistungen ist der Verkäufer, Lieferant beziehungsweise Erbringer verpflichtet, dem anderen Unternehmer gegenüber auf jede nach den Umständen geeignete Weise alle Informationen in Bezug auf die wesentlichen Merkmale der zu liefernden Waren, der bereitzustellenden digitalen Inhalte beziehungsweise der zu erbringenden verbundenen Dienstleistungen offen zu legen, über die er verfügt oder verfügen müsste und deren Nichtoffenlegung gegenüber der anderen Partei gegen das Gebot von Treu und Glauben und den Grundsatz des redlichen Geschäftsverkehrs verstoßen würde.

2. Bei der Prüfung, ob Absatz 1 verlangt, dass der Verkäufer, Lieferant beziehungsweise Erbringer bestimmte Informationen offen legt, sind sämtliche Umstände zu berücksichtigen, insbesondere,

(a) ob der Verkäufer, Lieferant beziehungsweise Erbringer über besondere Sachkunde verfügte,

(b) die Aufwendungen des Verkäufers, Lieferanten beziehungsweise Erbringers für die Erlangung der einschlägigen Informationen,

(c) ob der andere Unternehmer die Informationen leicht auf andere Weise hätte erlangen können,

(d) die Art der Informationen,

(e) die wahrscheinliche Bedeutung der Informationen für den anderen Unternehmer und

(f) die gute Handelspraxis in der betreffenden Situation.

Abschnitt 3. Abschluss von Verträgen auf elektronischem Wege

Art. 24 Zusätzliche Informationspflichten beim Abschluss von Fernabsatzverträgen auf elektronischem Wege. 1. Dieser Artikel gilt, wenn ein Unternehmer die Mittel für den Abschluss eines Vertrags zur Verfügung stellt und wenn diese Mittel elektronische Mittel sind und keinen exklusiven Austausch von E-Mails oder sonstigen individuellen elektronischen Nachrichten mit sich bringen.

2. Der Unternehmer hat der anderen Partei geeignete, effektive und zugängliche technische Mittel zur Verfügung zu stellen, mit denen sie vor der Abgabe oder Annahme eines Angebots Eingabefehler erkennen und korrigieren kann.

3. Der Unternehmer hat die andere Partei über Folgendes zu informieren, bevor sie ein Angebot abgibt oder annimmt:

(a) welche technischen Schritte befolgt werden müssen, um den Vertrag zu schließen;

(b) ob der geschlossene Vertrag vom Unternehmer gespeichert und ob er zugänglich sein wird;

(c) die technischen Mittel zur Erkennung und Korrektur von Eingabefehlern, bevor die andere Partei ein Angebot abgibt oder annimmt;

(d) die für den Vertragsschluss zur Verfügung stehenden Sprachen;

(e) die Vertragsbestimmungen.

4. Der Unternehmer hat sicherzustellen, dass die in Absatz 3 Buchstabe e genannten Vertragsbestimmungen in Buchstaben oder anderen verständlichen Zeichen auf einem dauerhaften Datenträger in einer Form zur Verfügung gestellt werden, die das Lesen und Aufnehmen der im Text enthaltenen Informationen sowie deren Wiedergabe in materieller Form ermöglicht.

5. Der Unternehmer hat den Empfang eines Angebots der anderen Partei oder einer Annahme durch die andere Partei unverzüglich auf elektronischem Wege zu bestätigen.

Art. 25 Zusätzliche Erfordernisse beim Abschluss von Fernabsatzverträgen auf elektronischem Wege. 1. Würde ein auf elektronischem Wege geschlossener Fernabsatzvertrag den Verbraucher zu einer Zahlung verpflichten, so hat der Unternehmer den Verbraucher, unmittelbar bevor dieser seine Bestellung tätigt, klar und deutlich auf die nach Artikel 13 Absatz 1 Buchstabe a, Artikel 14 Absätze 1 und 2 sowie Artikel 16 Buchstabe b vorgeschriebenen Informationen hinzuweisen.

2. [1] Der Unternehmer hat dafür zu sorgen, dass der Verbraucher bei der Bestellung ausdrücklich anerkennt, dass die Bestellung mit einer Zahlungspflicht verbunden ist. [2] Umfasst der Bestellvorgang die Aktivierung einer Schaltfläche oder eine ähnliche Funktion, so ist diese Schaltfläche oder ähnliche Funktion gut leserlich ausschließlich mit den Worten „Bestellung mit Zahlungspflicht“ oder einer ähnlichen eindeutigen Formulierung zu kennzeichnen, die den Verbraucher darauf hinweist, dass die Bestellung mit einer Zahlungspflicht gegenüber dem Unternehmer verbunden ist. [3] Hält sich der Unternehmer nicht an diesen Absatz, so ist der Verbraucher nicht durch den Vertrag oder die Bestellung gebunden.

3. Der Unternehmer hat auf seiner Website für den elektronischen Geschäftsverkehr spätestens bei Beginn des Bestellvorgangs klar und deutlich anzugeben, ob Lieferbeschränkungen bestehen und welche Zahlungsmittel akzeptiert werden.

Art. 26 Beweislast. Im Verhältnis zwischen einem Unternehmer und einem Verbraucher trägt der Unternehmer die Beweislast dafür, dass er die nach diesem Abschnitt vorgeschriebenen Informationen erteilt hat.

Art. 27 Zwingender Charakter. Im Verhältnis zwischen einem Unternehmer und einem Verbraucher dürfen die Parteien die Geltung dieses Abschnitts nicht zum Nachteil des Verbrauchers ausschließen, davon abweichen oder dessen Wirkungen abändern.

Abschnitt 4. Pflicht zur Sicherstellung der Richtigkeit von Informationen

Art. 28 Pflicht zur Sicherstellung der Richtigkeit von Informationen.
1. Eine Partei, die zur Erfüllung der sich aus diesem Kapitel ergebenden Pflichten oder aus anderen Gründen vor oder bei Vertragsschluss Informationen erteilt, hat in angemessener Weise dafür Sorge zu tragen, dass die erteilten Informationen richtig und nicht irreführend sind.

2. Einer Partei, die infolge einer Verletzung der in Absatz 1 genannten Pflicht durch die andere Partei unrichtige oder irreführende Informationen erhalten hat und vernünftigerweise beim Vertragsschluss mit dieser Partei darauf vertraut, stehen die Abhilfen des Artikels 29 zu.

3. Im Verhältnis zwischen einem Unternehmer und einem Verbraucher dürfen die Parteien die Anwendung dieses Artikels nicht zum Nachteil des Verbrauchers ausschließen, davon abweichen oder dessen Wirkungen abändern.

Abschnitt 5. Abhilfen bei Verletzung von Informationspflichten

Art. 29 Abhilfen bei Verletzung von Informationspflichten. 1. Eine Partei, die eine sich aus diesem Kapitel ergebende Pflicht nicht erfüllt, haftet für jeden Verlust, der der anderen Partei durch diese Pflichtverletzung entsteht.

2. Hat der Unternehmer seine Pflicht zur Information über zusätzliche oder sonstige Kosten nach Artikel 14 oder die Kosten für die Rücksendung der Waren nach Artikel 17 Absatz 2 nicht erfüllt, so ist der Verbraucher nicht verpflichtet, die zusätzlichen oder sonstigen Kosten zu zahlen.

3. Die Abhilfen nach diesem Artikel gelten unbeschadet der Abhilfen nach Artikel 42 Absatz 2, Artikel 48 oder Artikel 49.

4. Im Verhältnis zwischen einem Unternehmer und einem Verbraucher dürfen die Parteien die Anwendung dieses Artikels nicht zum Nachteil des Verbrauchers ausschließen, davon abweichen oder dessen Wirkungen abändern.

Kapitel 3. Vertragsschluss

Art. 30 Erfordernisse für den Abschluss eines Vertrags. 1. Ein Vertrag ist geschlossen, wenn

(a) die Parteien eine Einigung erzielen,

(b) sie ihrer Einigung Rechtswirkung verleihen wollen und

(c) diese Einigung, gegebenenfalls ergänzt durch die Vorschriften des Gemeinsamen Europäischen Kaufrechts, einen ausreichenden Inhalt hat und hinreichend bestimmt ist, so dass davon Rechtswirkungen ausgehen können.

2. [1] Eine Einigung wird durch Annahme eines Angebots erzielt. [2] Die Annahme kann ausdrücklich oder durch andere Erklärungen oder Verhalten erfolgen.

3. Ob die Parteien ihrer Einigung Rechtswirkung verleihen wollen, ist ihren Erklärungen und ihrem Verhalten zu entnehmen.

4. Macht eine der Parteien den Abschluss eines Vertrags von einer Einigung über einen bestimmten Punkt abhängig, so kommt der Vertrag nur zustande, wenn eine Einigung über diesen Punkt erzielt wird.

Art. 31 Angebot. 1. Ein Vorschlag stellt ein Angebot dar, wenn
(a) er in der Absicht unterbreitet wird, im Falle seiner Annahme zu einem Vertrag zu führen, und
(b) er einen ausreichenden Inhalt hat und hinreichend bestimmt ist, so dass ein Vertrag geschlossen werden kann.

2. Ein Angebot kann gegenüber einer oder mehreren bestimmten Personen abgegeben werden.

3. Ein an die Allgemeinheit gerichteter Vorschlag stellt kein Angebot dar, es sei denn, aus den Umständen ergibt sich etwas anderes.

Art. 32 Rücknahme des Angebots. 1. Ein Angebot kann zurückgenommen werden, wenn die Rücknahmeerklärung dem Empfänger zugeht, bevor er seine Annahme erklärt hat oder, im Falle der Annahme durch Verhalten, bevor der Vertrag geschlossen worden ist.

2. Stellt ein an die Allgemeinheit gerichteter Vorschlag ein Angebot dar, so kann dieses auf dieselbe Weise zurückgenommen werden, wie es abgegeben wurde.

3. Die Rücknahme eines Angebots ist unwirksam, wenn
(a) das Angebot zum Ausdruck bringt, dass es unwiderruflich ist,
(b) das Angebot eine feste Frist für die Annahme bestimmt oder
(c) der Empfänger aus sonstigen Gründen vernünftigerweise auf die Unwiderruflichkeit des Angebots vertrauen konnte und er im Vertrauen auf das Angebot gehandelt hat.

Art. 33 Ablehnung des Angebots. Das Angebot erlischt, sobald die Ablehnung des Angebots dem Anbietenden zugeht.

Art. 34 Annahme. 1. Jede Form von Erklärung oder Verhalten des Empfängers stellt eine Annahme dar, wenn damit eine Zustimmung zu dem Angebot ausgedrückt wird.

2. Schweigen oder Untätigkeit stellen allein keine Annahme dar.

Art. 35 Zeitpunkt des Vertragsschlusses. 1. Hat der Empfänger die Annahme des Angebots erklärt, so ist der Vertrag geschlossen, sobald die Annahmeerklärung dem Anbietenden zugeht.

2. Wird das Angebot durch Verhalten angenommen, so ist der Vertrag geschlossen, sobald der Anbietende Kenntnis von dem Verhalten erlangt.

3. Kann der Empfänger aufgrund des Angebots, von zwischen den Parteien entstandenen Gepflogenheiten oder von Gebräuchen das Angebot durch Verhalten ohne Mitteilung an den Anbietenden annehmen, so ist der Vertrag ungeachtet des Absatzes 2 geschlossen, sobald der Empfänger zu handeln beginnt.

Art. 36 Annahmefrist. 1. Die Annahme des Angebots ist nur wirksam, wenn sie dem Anbietenden innerhalb der von ihm im Angebot gesetzten Frist zugeht.

2. Hat der Anbietende keine Frist gesetzt, so ist die Annahme nur wirksam, wenn sie ihm innerhalb einer angemessenen Frist nach der Abgabe des Angebots zugeht.

3. Kann das Angebot durch Vornahme einer Handlung ohne Mitteilung an den Anbietenden angenommen werden, so ist die Annahme nur wirksam, wenn die Handlung innerhalb der vom Anbietenden gesetzten Annahmefrist oder, wenn eine solche Frist nicht gesetzt worden ist, innerhalb einer angemessenen Frist vorgenommen wird.

Art. 37 Verspätete Annahme. 1. Eine verspätete Annahme ist wirksam, wenn der Anbietende den Empfänger unverzüglich davon unterrichtet, dass er sie als wirksame Annahme behandelt.

2. Ergibt sich aus einem Schreiben oder einer anderen eine verspätete Annahme enthaltenden Nachricht, dass sie nach den Umständen, unter denen sie abgesandt wurde, bei normaler Übermittlung dem Anbietenden rechtzeitig zugegangen wäre, so ist die verspätete Annahme wirksam, es sei denn, der Anbietende unterrichtet den Empfänger unverzüglich davon, dass er das Angebot als erloschen betrachtet.

Art. 38 Geänderte Annahme. 1. Eine Antwort des Empfängers, die ausdrücklich oder stillschweigend zusätzliche oder abweichende Vertragsbestimmungen enthält, die die Bestimmungen des Angebots erheblich ändern würden, stellt eine Ablehnung und ein neues Angebot dar.

2. Bei zusätzlichen oder abweichenden Vertragsbestimmungen, die sich unter anderem auf den Preis, die Zahlung, die Qualität und Quantität der Waren, den Ort und die Zeit der Lieferung, den Umfang der Haftung einer Partei gegenüber der anderen oder auf die Beilegung von Streitigkeiten beziehen, wird vermutet, dass sie die Bestimmungen des Angebots erheblich ändern.

3. [1] Eine Antwort, die eine klare Zustimmung zu dem Angebot enthält, stellt auch dann eine Annahme dar, wenn sie ausdrücklich oder stillschweigend zusätzliche oder abweichende Vertragsbestimmungen enthält, sofern diese die Bestimmungen des Angebots nicht erheblich ändern. [2] Die zusätzlichen oder abweichenden Bestimmungen werden dann Teil des Vertrags.

4. Eine Antwort, die ausdrücklich oder stillschweigend zusätzliche oder abweichende Vertragsbestimmungen enthält, stellt stets eine Ablehnung des Angebots dar, wenn

(a) das Angebot die Annahme ausdrücklich auf die Bestimmungen des Angebots beschränkt,

(b) der Anbietende den zusätzlichen oder abweichenden Bestimmungen unverzüglich widerspricht oder

(c) der Empfänger des Angebots seine Annahme von der Zustimmung des Anbietenden zu den zusätzlichen oder abweichenden Bestimmungen abhängig macht und die Zustimmung des Anbietenden dem Angebotsempfänger nicht innerhalb einer angemessenen Frist zugeht.

Art. 39 Widersprechende Standardvertragsbestimmungen. 1. [1] Haben die Parteien abgesehen davon, dass sich Angebot und Annahme auf einander widersprechende Standardvertragsbestimmungen beziehen, eine Einigung erzielt, so ist der Vertrag dennoch geschlossen. [2] Die Standardvertragsbestimmungen sind insoweit Teil des Vertrags, als sie sich inhaltlich decken.

2. Unbeschadet des Absatzes 1 ist der Vertrag nicht geschlossen, wenn eine Partei

(a) im Voraus ausdrücklich und nicht durch Standardvertragsbestimmungen zum Ausdruck gebracht hat, dass sie nicht auf der Grundlage von Absatz 1 durch einen Vertrag gebunden sein will, oder

(b) die andere Partei unverzüglich davon in Kenntnis setzt, dass sie nicht durch einen solchen Vertrag gebunden sein will.

Kapitel 4. Widerrufsrecht bei im Fernabsatz und außerhalb von Geschäftsräumen geschlossenen Verträgen zwischen Unternehmern und Verbrauchern

Art. 40 Widerrufsrecht. 1. Während der Frist nach Artikel 42 kann der Verbraucher folgende Verträge ohne Angabe von Gründen und – sofern in Artikel 45 nichts anderes bestimmt ist – ohne Kosten für den Verbraucher widerrufen:

(a) Fernabsatzverträge,

(b) außerhalb von Geschäftsräumen geschlossene Verträge, sofern der Preis – oder bei gleichzeitigem Abschluss mehrerer Verträge der Gesamtpreis der Verträge – 50 EUR oder den entsprechenden Betrag in der für den Vertragspreis vereinbarten Währung zum Zeitpunkt des Vertragsschlusses übersteigt.

2. Absatz 1 gilt nicht für

(a) Verträge, die unter Verwendung von Warenautomaten oder automatisierten Geschäftsräumen geschlossen werden,

(b) Verträge, die die Lieferung von Lebensmitteln, Getränken oder sonstigen Haushaltsgegenständen des täglichen Bedarfs betreffen, die von einem Unternehmer im Rahmen häufiger und regelmäßiger Fahrten zur Wohnung, an den Aufenthaltsort oder an den Arbeitsplatz des Verbrauchers geliefert werden,

(c) Verträge, die die Lieferung von Waren oder die Erbringung verbundener Dienstleistungen betreffen, deren Preis von Schwankungen auf dem Finanzmarkt abhängt, auf die der Unternehmer keinen Einfluss hat und die innerhalb der Widerrufsfrist auftreten können,

(d) Verträge, die die Lieferung von Waren oder die Bereitstellung digitaler Inhalte betreffen, die nach Spezifikationen des Verbrauchers angefertigt werden oder eindeutig auf die persönlichen Bedürfnisse zugeschnitten sind,

(e) Verträge, die die Lieferung von Waren betreffen, die schnell verderben können oder deren Verfallsdatum schnell überschritten würde,

(f) Verträge, die die Lieferung alkoholischer Getränke betreffen, deren Preis bei Abschluss des Kaufvertrags vereinbart wurde, deren Lieferung aber erst 30 Tage nach Vertragsschluss erfolgen kann und deren tatsächlicher Wert von Schwankungen auf dem Markt abhängt, auf die der Unternehmer keinen Einfluss hat,

(g) Verträge, die den Kauf einer Zeitung, Zeitschrift oder Illustrierten betreffen, mit Ausnahme von Abonnement-Verträgen über die Lieferung solcher Veröffentlichungen,

(h) Verträge, die auf einer öffentlichen Versteigerung geschlossen werden, und

(i) Verträge, die im Zusammenhang mit Freizeitbetätigungen die Lieferung von Speisen und Getränken oder Dienstleistungen betreffen und für die Erfüllung einen spezifischen Termin oder Zeitraum vorsehen.

3. Absatz 1 gilt nicht in folgenden Fällen:

(a) wenn die gelieferten Waren versiegelt waren, die Versiegelung vom Verbraucher entfernt wurde und die Waren dann aus Gründen des Gesundheitsschutzes oder der Hygiene nicht mehr zur Rückgabe geeignet sind;

(b) wenn die Waren nach der Lieferung ihrem Wesen nach untrennbar mit anderen Gütern vermischt wurden;

(c) wenn es sich bei den gelieferten Waren um Ton- oder Videoaufnahmen oder Computersoftware in einer versiegelten Packung gehandelt hat, die nach der Lieferung entfernt wurde;

(d) wenn die Bereitstellung digitaler Inhalte, die nicht auf einen materiellen Datenträger bereitgestellt werden, bereits begonnen und der Verbraucher dieser Bereitstellung zuvor ausdrücklich zugestimmt und zur Kenntnis genommen hat, dass er hierdurch das Widerrufsrecht verliert;

(e) wenn der Verbraucher den Unternehmer ausdrücklich um einen Besuch gebeten hat, um dringende Reparatur- oder Instandhaltungsarbeiten vorzunehmen. Erbringt der Unternehmer bei einem solchen Besuch weitere verbundene Dienstleistungen, die der Verbraucher nicht ausdrücklich verlangt hat, oder liefert er Waren, die bei der Instandhaltung oder Reparatur nicht unbedingt als Ersatzteile benötigt werden, so steht dem Verbraucher in Bezug auf diese zusätzlichen verbundenen Dienstleistungen oder Waren ein Widerrufsrecht zu.

4. Hat der Verbraucher ein Angebot abgegeben, das im Falle seiner Annahme zum Abschluss eines Vertrags führen würde, der nach diesem Kapitel widerrufen werden könnte, so kann der Verbraucher das Angebot auch dann widerrufen, wenn es ansonsten unwiderruflich wäre.

Art. 41 Ausübung des Widerrufsrechts. 1. Der Verbraucher kann das Widerrufsrecht jederzeit vor Ablauf der in Artikel 42 vorgesehenen Widerrufsfrist ausüben.

2. [1] Der Verbraucher übt das Widerrufsrecht durch Mitteilung an den Unternehmer aus. [2] Der Verbraucher kann zu diesem Zweck entweder das Muster-Widerrufsformular nach Anlage 2 verwenden oder seinen Entschluss, den Vertrag zu widerrufen, mit einer entsprechenden eindeutigen Erklärung in beliebiger anderer Form darlegen.

3. [1] Gibt der Unternehmer dem Verbraucher die Möglichkeit, den Vertrag auf seiner Website für den elektronischen Geschäftsverkehr elektronisch zu widerrufen, und macht der Verbraucher von dieser Möglichkeit Gebrauch, so hat der Unternehmer die Pflicht, dem Verbraucher unverzüglich eine Bestätigung über den Eingang seines Widerrufs auf einem dauerhaften Datenträger

zu übermitteln. [2] Der Unternehmer haftet für jeden Verlust, der der anderen Partei durch eine Verletzung dieser Pflicht entsteht.

4. Der Widerruf ist rechtzeitig mitgeteilt, wenn die Mitteilung vor Ablauf der Widerrufsfrist abgeschickt wird.

5. Der Verbraucher trägt die Beweislast dafür, dass er das Widerrufsrecht im Einklang mit diesem Artikel ausgeübt hat.

Art. 42 Widerrufsfrist. 1. Die Widerrufsfrist endet vierzehn Tage nach

(a) dem Tag, an dem der Verbraucher die Waren in Empfang genommen hat, im Falle von Kaufverträgen, einschließlich Kaufverträgen, in denen sich der Verkäufer auch zur Erbringung verbundener Dienstleistungen bereit erklärt;

(b) dem Tag, an dem der Verbraucher die letzte Ware in Empfang genommen hat, im Falle von Verträgen über den Kauf mehrerer Waren, die der Verbraucher gleichzeitig bestellt hat und die getrennt geliefert werden, einschließlich Verträgen, in denen sich der Verkäufer auch zur Erbringung verbundener Dienstleistungen bereit erklärt;

(c) dem Tag, an dem der Verbraucher die letzte Teilsendung oder das letzte Stück in Empfang genommen hat, im Falle von Verträgen, nach denen Waren in mehreren Teilsendungen oder Stücken geliefert werden, einschließlich Verträgen, in denen sich der Verkäufer auch zur Erbringung verbundener Dienstleistungen bereit erklärt;

(d) dem Tag, an dem der Verbraucher die erste Ware in Empfang genommen hat, im Falle von Verträgen über die regelmäßige Lieferung von Waren über einen bestimmten Zeitraum hinweg, einschließlich Verträgen, in denen sich der Verkäufer auch zur Erbringung verbundener Dienstleistungen bereit erklärt;

(e) dem Tag des Vertragsschlusses im Falle von Verträgen über verbundene Dienstleistungen, die nach Lieferung der Waren geschlossen werden;

(f) dem Tag, an dem der Verbraucher den materiellen Datenträger nach Buchstabe a in Empfang genommen hat, im Falle von Verträgen, nach denen digitale Inhalte auf einem materiellen Datenträger bereitgestellt werden;

(g) dem Tag des Vertragsschlusses im Falle von Verträgen, nach denen digitale Inhalte nicht auf einem materiellen Datenträger bereitgestellt werden.

2. Hat der Unternehmer dem Verbraucher nicht die in Artikel 17 Absatz 1 genannten Informationen erteilt, so endet die Widerrufsfrist

(a) ein Jahr nach Ablauf der ursprünglichen Widerrufsfrist nach Absatz 1 oder

(b) wenn der Unternehmer dem Verbraucher die vorgeschriebenen Informationen innerhalb eines Jahres nach Ablauf der Widerrufsfrist nach Absatz 1 erteilt, vierzehn Tage nach dem Tag, an dem der Verbraucher die Informationen erhalten hat.

Art. 43 Wirkungen des Widerrufs. Mit dem Widerruf endet die Verpflichtung beider Parteien,

(a) den Vertrag zu erfüllen oder

(b) in Fällen, in denen der Verbraucher ein Angebot abgegeben hat, den Vertrag zu schließen.

Art. 44 Verpflichtungen des Unternehmers im Widerrufsfall. 1. [1] Der Unternehmer hat alle Zahlungen, die er vom Verbraucher erhalten hat, gegebenenfalls einschließlich der Lieferkosten, unverzüglich, spätestens aber innerhalb von vierzehn Tagen nach dem Tag zu erstatten, an dem er nach Artikel 41 über den Entschluss des Verbrauchers, den Vertrag zu widerrufen, informiert worden ist. [2] Der Unternehmer hat diese Rückzahlung unter Verwendung desselben Zahlungsmittels vorzunehmen, das vom Verbraucher bei der ursprünglichen Transaktion verwendet wurde, es sei denn, mit dem Verbraucher wurde ausdrücklich etwas anderes vereinbart, und vorausgesetzt, für den Verbraucher fallen infolge einer solchen Rückzahlung keine Gebühren an.

2. Ungeachtet des Absatzes 1 ist der Unternehmer nicht verpflichtet, die zusätzlichen Kosten zu erstatten, wenn sich der Verbraucher ausdrücklich für eine andere Art der Lieferung als die vom Unternehmer angebotene günstigste Standardlieferung entschieden hat.

3. Im Falle von Verträgen über den Kauf von Waren kann der Unternehmer die Rückzahlung verweigern, bis er die Waren wieder in Empfang genommen hat oder der Verbraucher den Nachweis ihrer Rücksendung erbracht hat, je nachdem, welches Ereignis früher eintritt, es sei denn, der Unternehmer hat angeboten, die Waren abzuholen.

4. Im Falle von außerhalb von Geschäftsräumen geschlossenen Verträgen, bei denen die Waren zum Zeitpunkt des Vertragsschlusses zur Wohnung des Verbrauchers geliefert worden sind, hat der Unternehmer die Waren auf eigene Kosten abzuholen, wenn die Waren ihrem Wesen nach nicht normal mit der Post zurückgesandt werden können.

Art. 45 Verpflichtungen des Verbrauchers im Widerrufsfall. 1. [1] Der Verbraucher hat die Waren unverzüglich, spätestens aber innerhalb von vierzehn Tagen nach dem Tag, an dem er nach Artikel 41 seinen Entschluss, den Vertrag zu widerrufen, dem Unternehmer mitgeteilt hat, an den Unternehmer oder eine von diesem ermächtigte Person zurückzusenden oder zu übergeben, es sei denn, der Unternehmer hat angeboten, die Waren abzuholen. [2] Die Frist ist eingehalten, wenn der Verbraucher die Waren vor Ablauf der Frist von vierzehn Tagen zurücksendet.

2. Der Verbraucher hat die direkten Kosten der Rücksendung der Waren zu tragen, es sei denn, der Unternehmer hat sich bereit erklärt, diese Kosten zu tragen, oder der Unternehmer hat es versäumt, den Verbraucher darüber zu unterrichten, dass der Verbraucher diese Kosten zu tragen hat.

3. [1] Der Verbraucher haftet für einen etwaigen Wertverlust der Waren nur, wenn dieser Wertverlust auf einen zur Feststellung der Art, Beschaffenheit und Funktionstüchtigkeit der Waren nicht notwendigen Umgang mit ihnen zurückzuführen ist. [2] Der Verbraucher haftet nicht für einen Wertverlust der Waren, wenn der Unternehmer ihm nicht nach Artikel 17 Absatz 1 alle Informationen über das Widerrufsrecht erteilt hat.

4. Unbeschadet des Absatzes 3 ist der Verbraucher nicht zur Zahlung einer Entschädigung für die Nutzung der Waren während der Widerrufsfrist verpflichtet.

5. [1] Übt der Verbraucher das Widerrufsrecht aus, nachdem er ausdrücklich beantragt hat, dass noch während der Widerrufsfrist mit der Erbringung verbundener Dienstleistungen begonnen wird, so hat er dem Unternehmer den Betrag zu zahlen, der bezogen auf das Gesamtauftragsvolumen dem Anteil entspricht, der vor der Ausübung des Widerrufsrechts durch den Verbraucher bereits geleistet wurde. [2] Der Teilbetrag, den der Verbraucher dem Unternehmer zu zahlen hat, ist ausgehend vom vertraglich vereinbarten Gesamtpreis zu berechnen. [3] Ist der Gesamtpreis überhöht, so ist der Teilbetrag ausgehend vom Marktwert der erbrachten Leistung zu berechnen.

6. Der Verbraucher ist nicht verpflichtet, die Kosten zu tragen für

(a) die Erbringung verbundener Dienstleistungen, die ganz oder teilweise während der Widerrufsfrist erbracht wurden, wenn
   i) der Unternehmer es versäumt hat, die Informationen nach Artikel 17 Absatz 1 und 3 zu erteilen, oder
   ii) der Verbraucher nicht ausdrücklich nach Artikel 18 Absatz 2 beziehungsweise Artikel 19 Absatz 6 beantragt hat, dass noch während der Widerrufsfrist mit der Erbringung begonnen wird;

(b) die vollständige oder teilweise Bereitstellung digitaler Inhalte, die nicht auf einem materiellen Datenträger bereitgestellt werden, wenn
   i) der Verbraucher nicht zuvor ausdrücklich zugestimmt hat, dass noch vor Ablauf der Widerrufsfrist nach Artikel 42 Absatz 1 mit der Bereitstellung der digitalen Inhalte begonnen wird,
   ii) der Verbraucher nicht zur Kenntnis genommen hat, dass er mit der Zustimmung das Widerrufsrecht verliert, oder
   iii) der Unternehmer es versäumt hat, die Bestätigung nach Artikel 18 Absatz 1 beziehungsweise Artikel 19 Absatz 5 zur Verfügung zu stellen.

7. Sofern in diesem Artikel nichts anderes bestimmt ist, kann der Verbraucher aufgrund der Ausübung des Widerrufsrechts nicht haftbar gemacht werden.

Art. 46 Akzessorische Verträge. 1. [1] Übt ein Verbraucher das Recht auf Widerruf eines im Fernabsatz oder außerhalb von Geschäftsräumen geschlossenen Vertrags nach den Artikeln 41 bis 45 aus, so werden auch alle akzessorischen Verträge ohne Kosten für den Verbraucher automatisch beendet, sofern in den Absätzen 2 und 3 nichts anderes bestimmt ist. [2] Für die Zwecke dieses Artikels ist ein akzessorischer Vertrag ein Vertrag, mit dem ein Verbraucher Waren, digitale Inhalte oder verbundene Dienstleistungen erwirbt, die im Zusammenhang mit einem im Fernabsatz oder außerhalb von Geschäftsräumen geschlossenen Vertrag stehen, und nach dem diese Waren, digitalen Inhalte oder verbundenen Dienstleistungen von dem Unternehmer oder einem Dritten auf der Grundlage einer Vereinbarung zwischen diesem Dritten und dem Unternehmer geliefert, bereitgestellt beziehungsweise erbracht werden.

2. Die Artikel 43, 44 und 45 gelten entsprechend für akzessorische Verträge, soweit diese Verträge dem Gemeinsamen Europäischen Kaufrecht unterliegen.

3. Bei akzessorischen Verträgen, die nicht dem Gemeinsamen Europäischen Kaufrecht unterliegen, ist für die Verpflichtungen der Parteien im Widerrufsfall das anwendbare Recht maßgebend.

Art. 47 Zwingender Charakter. Die Parteien dürfen die Anwendung dieses Kapitels nicht zum Nachteil des Verbrauchers ausschließen, davon abweichen oder dessen Wirkungen abändern.

Kapitel 5. Einigungsmängel

Art. 48 Irrtum. 1. Eine Partei kann einen Vertrag wegen eines bei Vertragsschluss vorhandenen Tatsachen- oder Rechtsirrtums anfechten, wenn

(a) diese Partei, wäre sie dem Irrtum nicht unterlegen, den Vertrag nicht oder nur mit grundlegend anderen Vertragsbestimmungen geschlossen hätte und die andere Partei dies wusste oder wissen musste, und

(b) die andere Partei

- i) den Irrtum verursacht hat,
- ii) den irrtumsbehafteten Vertragsschluss durch Verletzung vorvertraglicher Informationspflichten nach Kapitel 2 Abschnitte 1 bis 4 verursacht hat,
- iii) von dem Irrtum wusste oder wissen musste und den irrtumsbehafteten Vertragsschluss verursacht hat, indem sie nicht auf die einschlägigen Informationen hingewiesen hat, sofern sie nach dem Gebot von Treu und Glauben und des redlichen Geschäftsverkehrs dazu verpflichtet gewesen wäre, oder
- iv) demselben Irrtum unterlag.

2. Eine Partei kann einen Vertrag nicht wegen Irrtums anfechten, wenn das Risiko des Irrtums von dieser Partei übernommen wurde oder nach den Umständen von ihr getragen werden sollte.

3. Ein Fehler in der Verlautbarung oder Übermittlung einer Erklärung ist als Irrtum der Person anzusehen, die die Erklärung abgegeben oder übersandt hat.

Art. 49 Arglistige Täuschung. 1. Eine Partei kann einen Vertrag anfechten, wenn sie von der anderen Partei durch arglistige Täuschung, sei es durch Worte oder durch Verhalten, zum Vertragsschluss bestimmt worden ist oder durch arglistiges Verschweigen von Informationen, die sie nach dem Gebot von Treu und Glauben und dem Grundsatz des redlichen Geschäftsverkehrs oder aufgrund vorvertraglicher Informationspflichten hätte offen legen müssen.

2. [1] Eine Täuschung ist arglistig, wenn sie in dem Wissen oder der Annahme, dass es sich um die Unwahrheit handelt, oder leichtfertig hinsichtlich Wahrheit oder Unwahrheit begangen wird und sie in der Absicht geschieht, den Empfänger dazu zu bestimmen, einen Irrtum zu begehen. [2] Ein Verschweigen ist arglistig, wenn es in der Absicht geschieht, die Person, der die

Informationen vorenthalten werden, dazu zu bestimmen, einen Irrtum zu begehen.

3. Für die Feststellung, ob das Gebot von Treu und Glauben und des redlichen Geschäftsverkehrs verlangt, dass eine Partei bestimmte Informationen offenbart, sind sämtliche Umstände zu berücksichtigen, insbesondere,

(a) ob die Partei über besondere Sachkunde verfügte,

(b) die Aufwendungen der Partei für die Erlangung der einschlägigen Informationen,

(c) ob die andere Partei die Informationen leicht auf andere Weise hätte erlangen können,

(d) die Art der Informationen,

(e) die offenkundige Bedeutung der Informationen für die andere Partei und

(f) in Verträgen zwischen Unternehmern die gute Handelspraxis unter den gegebenen Umständen.

Art. 50 Drohung. Eine Partei kann einen Vertrag anfechten, wenn sie von der anderen Partei durch Drohung mit einem rechtswidrigen, unmittelbar bevorstehenden ernsthaften Übel oder mit einer rechtswidrigen Handlung zum Vertragsschluss bestimmt wurde.

Art. 51 Unfaire Ausnutzung. Eine Partei kann einen Vertrag anfechten, wenn bei Vertragsschluss

(a) diese Partei von der anderen Partei abhängig war, zu ihr in einem Vertrauensverhältnis stand, sich in einer wirtschaftlichen Notlage befand, dringende Bedürfnisse hatte oder unvorsichtig, unwissend, oder unerfahren war und

(b) die andere Partei davon wusste oder wissen musste und unter Berücksichtigung der Umstände und des Zwecks des Vertrags die Lage der ersten Partei ausgenutzt hat, um sich einen übermäßigen Nutzen oder unfairen Vorteil zu verschaffen.

Art. 52 Anfechtungsmitteilung. 1. Die Anfechtung wird durch Mitteilung an die andere Partei ausgeübt.

2. [1] Eine Anfechtungsmitteilung ist nur wirksam, wenn sie innerhalb von

(a) sechs Monaten im Falle eines Irrtums und

(b) einem Jahr im Falle von arglistiger Täuschung, Drohung und unfairer Ausnutzung

nach dem Zeitpunkt erklärt wird, zu dem die anfechtende Partei Kenntnis von den maßgebenden Umständen erlangt hat oder ab dem sie wieder frei handeln konnte.

Art. 53 Bestätigung. Bestätigt die Partei, die nach diesem Kapitel das Recht hat, einen Vertrag anzufechten, den Vertrag ausdrücklich oder stillschweigend, nachdem sie Kenntnis von den maßgebenden Umständen erlangt hat oder wieder frei handeln konnte, so kann sie den Vertrag nicht mehr anfechten.

Art. 54 Wirkungen der Anfechtung. 1. Ein anfechtbarer Vertrag ist bis zur Anfechtung gültig, wird aber mit der Anfechtung rückwirkend ungültig.

2. Betrifft ein Anfechtungsgrund nur einzelne Vertragsbestimmungen, so beschränkt sich die Wirkung der Anfechtung auf diese Bestimmungen, es sei denn, es ist unangemessen, den Vertrag im Übrigen aufrechtzuerhalten.

3. Ob eine der Parteien ein Recht hat, die Herausgabe dessen, was aufgrund des Vertrags übertragen oder geliefert wurde, oder die Zahlung eines gleichwertigen Geldbetrags zu verlangen, bestimmt sich nach den Vorschriften des Kapitels 17 über die Rückabwicklung.

Art. 55 Schadensersatz für Verluste. Eine Partei, die nach diesem Kapitel das Recht hat, einen Vertrag anzufechten, oder die dieses Recht hatte, bevor sie es durch Fristablauf oder Bestätigung verlor, hat unabhängig davon, ob der Vertrag angefochten wird, gegenüber der anderen Partei einen Anspruch auf Schadensersatz für Verluste infolge Irrtums, arglistiger Täuschung, Drohung oder unfairer Ausnutzung, sofern die andere Partei die maßgebenden Umstände kannte oder kennen musste.

Art. 56 Ausschluss oder Einschränkung von Abhilfen. 1. Abhilfen wegen arglistiger Täuschung, Drohung und unfairer Ausnutzung können weder unmittelbar noch mittelbar ausgeschlossen oder eingeschränkt werden.

2. Im Verhältnis zwischen einem Unternehmer und einem Verbraucher dürfen die Parteien Abhilfen wegen Irrtums weder unmittelbar noch mittelbar zum Nachteil des Verbrauchers ausschließen oder einschränken.

Art. 57 Wahl der Abhilfe. Eine Partei, der nach diesem Kapitel eine Abhilfe wegen Umständen zusteht, die dieser Partei auch eine Abhilfe wegen Nichterfüllung eröffnen, kann jede dieser Abhilfen geltend machen.

Teil III. Bestimmung des Vertragsinhalts

Kapitel 6. Auslegung

Art. 58 Allgemeine Regeln zur Auslegung von Verträgen. 1. Ein Vertrag wird nach dem gemeinsamen Willen der Parteien ausgelegt, auch wenn dieser nicht mit der normalen Bedeutung der im Vertrag verwendeten Ausdrücke übereinstimmt.

2. Wenn eine Partei einen im Vertrag verwendeten Ausdruck in einem bestimmten Sinne verstanden wissen wollte und dies der anderen Partei bei Vertragsschluss bewusst war oder hätte bewusst sein müssen, wird der Vertrag so ausgelegt, wie die erste Partei ihn verstanden wissen wollte.

3. Sofern die Absätze 1 und 2 nicht anders bestimmen, ist der Vertrag in dem Sinne auszulegen, den ihm eine vernünftige Person geben würde.

Art. 59 Erhebliche Umstände. Bei der Auslegung des Vertrags können insbesondere berücksichtigt werden:

(a) die Umstände, unter denen er geschlossen wurde, einschließlich der vorausgegangenen Verhandlungen,

(b) das Verhalten der Parteien – auch nach Vertragsschluss,
(c) die Auslegung, die von den Parteien bereits denselben oder ähnlichen Ausdrücken wie den im Vertrag verwendeten gegeben wurde,
(d) Gebräuche, die von Parteien, die sich in der gleichen Situation befinden, als allgemein anwendbar angesehen würden,
(e) Gepflogenheiten, die zwischen den Parteien entstanden sind,
(f) die Bedeutung, die Ausdrücken in dem betreffenden Tätigkeitsbereich gewöhnlich gegeben wird,
(g) die Natur und den Zweck des Vertrags und
(h) das Gebot von Treu und Glauben und des redlichen Geschäftsverkehrs.

Art. 60 Auslegung im Lichte des gesamten Vertrags. In einem Vertrag verwendete Ausdrücke sind im Lichte des gesamten Vertrags auszulegen.

Art. 61 Abweichende Sprachfassungen. Wird ein Vertrag in zwei oder mehr Sprachfassungen abgefasst, von denen keine als maßgebend bezeichnet ist, so gilt bei einer Abweichung zwischen den Sprachfassungen die Sprachfassung als maßgebend, in der der Vertrag ursprünglich abgefasst worden ist.

Art. 62 Vorrang individuell ausgehandelter Vertragsbestimmungen. Soweit ein Widerspruch besteht, haben individuell ausgehandelte Vertragsbestimmungen Vorrang vor solchen, die im Sinne von Artikel 7 nicht individuell ausgehandelt worden sind.

Art. 63 Vorrang wirksamkeitsorientierter Auslegung. Eine Auslegung, nach der Vertragsbestimmungen wirksam sind, hat Vorrang vor einer Auslegung, nach der das nicht der Fall ist.

Art. 64 Auslegung zugunsten des Verbrauchers. 1. Wenn Zweifel über die Bedeutung einer Vertragsbestimmung in einem Vertrag zwischen einem Unternehmer und einem Verbraucher besteht, gilt die für den Verbraucher günstigste Auslegung, es sei denn, die Bestimmung wurde vom Verbraucher gestellt.

2. Die Parteien dürfen die Anwendung dieses Artikels nicht zum Nachteil des Verbrauchers ausschließen, davon abweichen oder dessen Wirkungen abändern.

Art. 65 Auslegungsregeln bei gestellten Vertragsbestimmungen. Wenn in einem Vertrag, der nicht unter Artikel 64 fällt, Zweifel an der Bedeutung einer nicht individuell ausgehandelten Vertragsbestimmung im Sinne von Artikel 7 besteht, so hat eine Auslegung der Bestimmung zu Lasten der Partei, die die Bestimmung gestellt hat, Vorrang.

Kapitel 7. Inhalt und Wirkungen

Art. 66 Vertragsbestimmungen. Die Vertragsbestimmungen werden abgeleitet aus:
(a) der Vereinbarung der Parteien vorbehaltlich zwingender Vorschriften des Gemeinsamen Europäischen Kaufrechts,

(b) Gebräuchen oder Gepflogenheiten, an die die Parteien nach Artikel 67 gebunden sind,

(c) Vorschriften des Gemeinsamen Europäischen Kaufrechts, die mangels einer anders lautenden Vereinbarung der Parteien Anwendung finden, und

(d) Vertragsbestimmungen, die nach Artikel 68 herangezogen werden können.

Art. 67 Gebräuche und Gepflogenheiten in Verträgen zwischen Unternehmern. 1. In einem Vertrag zwischen Unternehmern sind die Parteien an Gebräuche gebunden, die sie als anwendbar vereinbart haben, und an zwischen ihnen entstandenen Gepflogenheiten.

2. Die Parteien sind an Gebräuche gebunden, die von Unternehmern, die sich in der gleichen Situation wie die Parteien befinden, als allgemein anwendbar angesehen würden.

3. Die Parteien sind an Gebräuche und Gepflogenheiten nur so weit gebunden, wie sie nicht individuell ausgehandelten Vertragsbestimmungen oder zwingenden Vorschriften des Gemeinsamen Europäischen Kaufrechts entgegenstehen.

Art. 68 Vertragsbestimmungen, die herangezogen werden können.

1. Wenn dies für Belange, die nicht ausdrücklich durch die Vereinbarung der Parteien, durch Gebräuche, Gepflogenheiten oder Vorschriften des Gemeinsamen Europäischen Kaufrechts geregelt sind, notwendig ist, kann eine zusätzliche Vertragsbestimmung herangezogen werden, insbesondere im Hinblick auf:

(a) die Natur und den Zweck des Vertrags,

(b) die Umstände, unter denen der Vertrag geschlossen wurde, und

(c) das Gebot von Treu und Glauben und des redlichen Geschäftsverkehrs.

2. Jede im Sinne von Absatz 1 herangezogene Vertragsbestimmung sollte, soweit möglich, so beschaffen sein, dass sie verwirklicht, was die Parteien wahrscheinlich vereinbart hätten, wenn sie die betreffenden Belange geregelt hätten.

3. Absatz 1 findet keine Anwendung, wenn die Parteien willentlich keine Regelung zu einer bestimmten Frage getroffen und akzeptiert haben, dass die eine oder andere Partei das Risiko trägt.

Art. 69 Aus bestimmten vorvertraglichen Erklärungen abgeleitete Vertragsbestimmungen. 1. Gibt der Unternehmer vor Vertragsschluss gegenüber der anderen Partei oder öffentlich eine Erklärung über die Eigenschaften dessen ab, was der Unternehmer nach dem Vertrag liefern soll, wird diese Erklärung Bestandteil des Vertrags, es sei denn,

(a) die andere Partei wusste bei Vertragsschluss oder hätte wissen müssen, dass die Erklärung falsch war oder dass sie sich nicht auf eine derartige Bestimmung verlassen konnte, oder

(b) die Entscheidung der anderen Partei zum Vertragsschluss konnte nicht durch die Erklärung beeinflusst werden.

2. Für die Zwecke des Absatzes 1 gilt eine Erklärung, die von einer Person abgegeben wird, die im Auftrag des Unternehmers mit der Werbung oder Vermarktung befasst ist, als durch den Unternehmer abgegeben.

3. Handelt es sich bei der anderen Partei um einen Verbraucher, wird für die Zwecke des Absatzes 1 eine öffentliche Erklärung, die im Vorfeld des Vertragsschlusses von oder im Auftrag eines Herstellers oder einer anderen Person abgegeben wurde, als vom Unternehmer abgegeben angesehen, es sei denn, der Unternehmer kannte diese Erklärung bei Vertragsschluss nicht und hätte sie auch nicht kennen müssen.

4. Im Verhältnis zwischen einem Unternehmer und einem Verbraucher dürfen die Parteien die Anwendung dieses Artikels nicht zum Nachteil des Verbrauchers ausschließen, davon abweichen oder dessen Wirkungen abändern.

Art. 70 Pflicht zum Hinweis auf nicht individuell ausgehandelte Vertragsbestimmungen. 1. Eine Partei kann sich nur dann auf die von ihr gestellten, nicht individuell ausgehandelten Vertragsbestimmungen im Sinne von Artikel 7 berufen, wenn die andere Partei diese Bestimmungen kannte oder wenn die Partei, die die Bestimmungen gestellt hat, vor oder bei Vertragsschluss angemessene Schritte unternommen hat, um die andere Partei darauf aufmerksam zu machen.

2. Für die Zwecke dieses Artikels reicht es im Verhältnis zwischen einem Unternehmer und einem Verbraucher nicht aus, wenn der Verbraucher auf die Vertragsbestimmungen lediglich durch einen Verweis auf diese Bestimmungen in einem Vertragsdokument aufmerksam gemacht wird, selbst wenn die betreffende Partei das Dokument unterschreibt.

3. Die Parteien dürfen die Anwendung dieses Artikels nicht ausschließen, davon abweichen oder dessen Wirkungen abändern.

Art. 71 Zusätzliche Zahlungen bei Verträgen zwischen einem Unternehmer und einem Verbraucher. 1. [1] Eine Vertragsbestimmung in einem Vertrag zwischen einem Unternehmer und einem Verbraucher, die den Verbraucher über die ausgewiesene Vergütung für die vertragliche Hauptverpflichtung des Unternehmers hinaus zu einer zusätzlichen Zahlung verpflichtet, ist für den Verbraucher, insbesondere, wenn sie durch die Verwendung von Standardoptionen eingefügt wurde, die der Verbraucher ausdrücklich ablehnen muss, um die zusätzliche Zahlung zu vermeiden, nicht bindend, es sei denn, der Verbraucher hat der zusätzlichen Zahlung, bevor er durch den Vertrag gebunden wurde, ausdrücklich zugestimmt. [2] Hat der Verbraucher eine zusätzliche Zahlung geleistet, so kann er sie zurückverlangen.

2. Die Parteien dürfen die Anwendung dieses Artikels nicht zum Nachteil des Verbrauchers ausschließen, davon abweichen oder dessen Wirkungen abändern.

Art. 72 Integrationsklauseln. 1. Enthält ein schriftlicher Vertrag eine Klausel, die besagt, dass das Dokument alle Vertragsbestimmungen enthält (Integrationsklausel), sind frühere Erklärungen, Zusicherungen oder Vereinbarungen, die nicht in dem Dokument enthalten sind, nicht Bestandteil des Vertrags.

2. Sofern der Vertrag nichts anderes bestimmt, hindert eine Integrationsklausel die Parteien nicht daran, frühere Erklärungen zur Auslegung des Vertrags heranzuziehen.

3. Bei einem Vertrag zwischen einem Unternehmer und einem Verbraucher, ist der Verbraucher nicht durch eine Integrationsklausel gebunden.

4. Die Parteien dürfen die Anwendung dieses Artikels nicht zum Nachteil des Verbrauchers ausschließen, davon abweichen oder dessen Wirkungen abändern.

Art. 73 Bestimmung des Preises. Kann der nach dem Vertrag zu zahlende Preis nicht auf andere Weise bestimmt werden, ist mangels anders lautender Angaben der Preis zu zahlen, der normalerweise unter vergleichbaren Umständen zum Zeitpunkt des Vertragsschlusses berechnet worden wäre, oder, wenn kein solcher Preis zu ermitteln ist, ein angemessener Preis.

Art. 74 Einseitige Festsetzung durch eine Partei. 1. Ist der Preis oder eine andere Vertragsbestimmung von einer Partei festzusetzen und ist diese Festsetzung grob unangemessen, so ist der Preis zu zahlen, der normalerweise unter vergleichbaren Umständen zum Zeitpunkt des Vertragsschlusses berechnet worden wäre, oder wenn kein solcher Preis zu ermitteln ist, ein angemessener Preis, beziehungsweise es gilt diejenige Vertragsbestimmung, die unter vergleichbaren Umständen zum Zeitpunkt des Vertragsschlusses normalerweise verwendet worden wäre oder, wenn keine solche Vertragsbestimmung zu ermitteln ist, eine angemessene Vertragsbestimmung.

2. Die Parteien dürfen die Anwendung dieses Artikels nicht ausschließen, davon abweichen oder dessen Wirkungen abändern.

Art. 75 Festsetzung durch einen Dritten. 1. Sind der Preis oder eine andere Vertragsbestimmung durch einen Dritten festzusetzen und kann dieser die Festsetzung nicht treffen oder tut er es aus anderen Gründen nicht, so kann ein Gericht eine andere Person bestellen, um die Festsetzung vorzunehmen, es sei denn, dass dies in Widerspruch zu den Vertragsbestimmungen steht.

2. Ist der von einem Dritten festgesetzte Preis oder eine andere von ihm festgesetzte Vertragsbestimmung grob unangemessen, so ist der Preis zu zahlen, der normalerweise unter vergleichbaren Umständen zum Zeitpunkt des Vertragsschlusses berechnet worden wäre, oder wenn kein solcher Preis zu ermitteln ist, ein angemessener Preis, beziehungsweise es gilt diejenige Vertragsbestimmung, die unter vergleichbaren Umständen zum Zeitpunkt des Vertragsschlusses normalerweise verwendet worden wäre oder, wenn keine solche Vertragsbestimmung zu ermitteln ist, eine angemessene Vertragsbestimmung.

3. Als „Gericht" im Sinne von Absatz 1 gilt auch ein Schiedsgericht.

4. Im Verhältnis zwischen einem Unternehmer und einem Verbraucher dürfen die Parteien die Anwendung des Absatzes 2 nicht zum Nachteil des Verbrauchers ausschließen, davon abweichen oder dessen Wirkungen abändern.

Art. 76 Sprache. Lässt sich die Sprache, die für die Kommunikation in Bezug auf den Vertrag oder daraus entstehende Rechte und Verpflichtungen verwendet werden soll, nicht anders bestimmen, so ist die zu verwendende

Sprache die Sprache, die für das Zustandekommen des Vertrages verwendet wurde.

Art. 77 Unbefristete Verträge. 1. Verträge, die eine fortlaufende oder wiederkehrende Leistung zum Inhalt haben, können, wenn in den Vertragsbestimmungen nicht festgelegt ist, wann das Vertragsverhältnis endet, oder wenn festgelegt ist, dass das Vertragsverhältnis durch Kündigung endet, von jeder Partei innerhalb einer angemessenen Frist von höchstens zwei Monaten gekündigt werden.

2. Im Verhältnis zwischen einem Unternehmer und einem Verbraucher dürfen die Parteien die Anwendung dieses Artikels nicht zum Nachteil des Verbrauchers ausschließen, davon abweichen oder dessen Wirkungen abändern.

Art. 78 Vertragsbestimmungen zugunsten Dritter. 1. [1] Die Vertragsparteien können zugunsten eines Dritten durch Vertrag ein Recht begründen. [2] Der Dritte braucht zum Zeitpunkt des Vertragsschlusses nicht geboren oder bestimmt sein, muss aber bestimmt werden können.

2. [1] Natur und Inhalt des Rechts des Dritten werden durch den Vertrag bestimmt. [2] Bei diesem Recht kann es sich auch um den Ausschluss oder die Begrenzung der Haftung des Dritten gegenüber einer der Vertragsparteien handeln.

3. Schuldet eine der Vertragsparteien dem Dritten nach dem Vertrag die Erbringung einer Leistung,

(a) stehen dem Dritten dieselben Rechte auf Erfüllung und Abhilfen wegen Nichterfüllung zu, die bestehen würden, wenn die Vertragspartei aufgrund eines Vertrags mit dem Dritten zur Leistung verpflichtet wäre, und

(b) kann sich die verpflichtete Vertragspartei dem Dritten gegenüber auf alle Einwendungen berufen, auf die sie sich der anderen Vertragspartei gegenüber berufen könnte.

4. [1] Der Dritte kann ein ihm übertragenes Recht durch Mitteilung an eine der Vertragsparteien zurückweisen, wenn dies vor der ausdrücklichen oder stillschweigenden Annahme dieses Rechts geschieht. [2] Weist der Dritte das Recht zurück, gilt das Recht als dem Dritten nicht entstanden.

5. Die Vertragsparteien können die Vertragsbestimmung, die dem Dritten das Recht gewährt, aufheben oder abändern, solange dem Dritten nicht mitgeteilt wurde, dass ihm das Recht gewährt worden ist.

Kapitel 8. Unfaire Vertragsbestimmungen

Abschnitt 1. Allgemeine Bestimmungen

Art. 79 Wirkung unfairer Vertragsbestimmungen. 1. Eine von einer Partei gestellte Vertragsbestimmung, die unfair im Sinne der Abschnitte 2 und 3 dieses Kapitels ist, ist für die andere Partei nicht bindend.

2. Wenn der Vertrag ohne die unfaire Bestimmung Bestand haben kann, bleiben die übrigen Bestimmungen verbindlich.

Art. 80 Ausnahmen von der Prüfung der Unfairness. 1. Die Abschnitte 2 und 3 gelten nicht für Vertragsbestimmungen, die Regeln des Gemeinsamen Europäischen Kaufrechts aufgreifen, die gelten würden, wenn der Sachverhalt nicht durch die Vertragsbestimmungen geregelt würde.

2. Abschnitt 2 gilt nicht für den Hauptgegenstand des Vertrags oder für die Frage, ob die Höhe des zu zahlenden Preises angebracht ist, soweit der Unternehmer der Pflicht zur Transparenz gemäß Artikel 82 nachgekommen ist.

3. Abschnitt 3 gilt weder für den Hauptgegenstand des Vertrages noch für die Frage, ob die Höhe des zu zahlenden Preises angebracht ist.

Art. 81 Zwingender Charakter der Vorschriften. Die Parteien dürfen die Anwendung dieses Kapitels weder ausschließen noch davon abweichen, noch dessen Wirkungen abändern.

Abschnitt 2. Unfaire Vertragsbestimmungen bei Verträgen zwischen einem Unternehmer und einem Verbraucher

Art. 82 Pflicht zur Transparenz bei nicht individuell ausgehandelten Vertragsbestimmungen. Wurden die Vertragsbestimmungen zwischen einem Unternehmer und einem Verbraucher im Sinne von Artikel 7 nicht individuell ausgehandelt, muss der Unternehmer dafür Sorge tragen, dass sie in einfacher und verständlicher Sprache abgefasst und mitgeteilt werden.

Art. 83 Bedeutung von „unfair" in Verträgen zwischen einem Unternehmer und einem Verbraucher. 1. In einem Vertrag zwischen einem Unternehmer und einem Verbraucher ist eine im Sinne von Artikel 7 nicht individuell ausgehandelte, vom Unternehmer gestellte Bestimmung im Sinne dieses Abschnitts unfair, wenn sie entgegen dem Gebot von Treu und Glauben und des redlichen Geschäftsverkehrs in Bezug auf die vertraglichen Rechte und Verpflichtungen der Vertragsparteien ein erhebliches Ungleichgewicht zu Lasten des Verbrauchers herstellt.

2. Bei der Prüfung der Unfairness einer Vertragsbestimmung für die Zwecke dieses Abschnitts ist Folgendes zu berücksichtigen:

(a) die Erfüllung der dem Unternehmer obliegenden Pflicht zur Transparenz gemäß Artikel 82,

(b) das Wesen des Vertragsgegenstands,

(c) die Umstände des Vertragsschlusses,

(d) die übrigen Bestimmungen des Vertrags und

(e) die Bestimmungen sonstiger Verträge, von denen der Vertrag abhängt.

Art. 84 Per se unfaire Vertragsbestimmungen. Für die Zwecke dieses Abschnitts gilt eine Vertragsbestimmung als per se unfair, wenn deren Zweck oder Wirkung darin besteht,

(a) die Haftung des Unternehmers infolge einer Handlung oder Unterlassung des Unternehmers oder einer in seinem Auftrag handelnden Person, durch die der Verbraucher Schaden an Leib oder Leben nimmt, auszuschließen oder einzuschränken;

(b) die Haftung des Unternehmers für einen vorsätzlich oder grob fahrlässig verursachten Verlust oder Schaden beim Verbraucher auszuschließen oder einzuschränken;

(c) die Verpflichtung des Unternehmers zur Einhaltung der von seinen Vertretern eingegangenen Zusagen einzuschränken oder seine Zusagen von der Erfüllung einer besonderen Bedingung abhängig zu machen, die ohne sein Zutun nicht zu erfüllen ist;

(d) dem Verbraucher die Möglichkeit zu nehmen oder ihn daran zu hindern, Rechtsbehelfe bei Gericht einzulegen oder sonstige Beschwerdemittel zu ergreifen, und zwar insbesondere dadurch, dass dem Verbraucher auferlegt wird, die Streitigkeit ausschließlich im Wege eines Schiedsverfahrens zu regeln, das in den auf Verträge zwischen Unternehmern und Verbrauchern anwendbaren Rechtsvorschriften im Allgemeinen nicht vorgesehen ist;

(e) den ausschließlichen Gerichtsstand für alle Streitigkeiten aus dem Vertrag einem Gericht zuzuweisen, das für den Ort zuständig ist, an dem der Unternehmer seinen Sitz hat, es sei denn, dieses Gericht ist auch für den Ort zuständig, an dem der Verbraucher seinen gewöhnlichen Aufenthalt hat;

(f) dem Unternehmer das ausschließliche Recht einzuräumen, die Vertragsmäßigkeit der gelieferten Waren, der bereitgestellten digitalen Inhalte oder der erbrachten verbundenen Dienstleistungen festzustellen, oder ihm das ausschließliche Recht zur Auslegung der Vertragsbestimmungen zuzugestehen;

(g) den Verbraucher, nicht aber den Unternehmer zur Einhaltung des Vertrags zu verpflichten;

(h) vom Verbraucher zu verlangen, dass er für die Beendigung des Vertrags im Sinne des Artikels 8 strengere Formerfordernisse erfüllt als diejenigen, die für den Vertragsschluss galten;

(i) dem Unternehmer für die Beendigung des Vertrags eine kürzere Frist einzuräumen als dem Verbraucher;

(j) vom Verbraucher die Bezahlung nicht gelieferter Waren, nicht bereitgestellter digitaler Inhalte oder nicht erbrachter verbundener Dienstleistungen zu verlangen;

(k) den nicht individuell ausgehandelten Vertragsbestimmungen im Sinne von Artikel 7 Vorrang vor den individuell ausgehandelten Vertragsbestimmungen einzuräumen oder ihnen den Vorzug zu geben.

Art. 85 Vermutung der Unfairness. Für die Zwecke dieses Abschnitts besteht die Vermutung, dass eine Vertragsbestimmung unfair ist, wenn deren Zweck oder Wirkung darin besteht,

(a) die für den Verbraucher verfügbaren Beweismittel einzuschränken oder dem Verbraucher die Beweislast aufzuerlegen, die rechtlich dem Unternehmer obliegen sollte;

(b) die Abhilfen, die dem Verbraucher gegen den Unternehmer oder einen Dritten wegen Nichterfüllung der vertraglichen Verpflichtungen durch den Unternehmer zustehen, in unangemessener Weise auszuschließen oder zu beschränken;

(c) das Recht auf Aufrechnung etwaiger Forderungen des Verbrauchers gegen den Unternehmer gegen etwaige Verbindlichkeiten des Verbrauchers gegenüber dem Unternehmer, in unangemessener Weise auszuschließen oder zu beschränken;

(d) dem Unternehmer zu gestatten, vom Verbraucher gezahlte Beträge einzubehalten, wenn sich dieser gegen einen Vertragsschluss oder gegen die Erfüllung vertraglicher Verpflichtungen entscheidet, ohne für den Verbraucher eine Entschädigung in entsprechender Höhe durch den Unternehmer für den umgekehrten Fall vorzusehen;

(e) dem Verbraucher, der seinen vertraglichen Verpflichtungen nicht nachkommt, eine unverhältnismäßig hohe Entschädigung oder eine festgelegte Zahlung wegen Nichterfüllung abzuverlangen;

(f) dem Unternehmer zu gestatten, nach freiem Ermessen den Vertrag zu widerrufen oder den Vertrag im Sinne von Artikel 8 zu beenden, ohne dem Verbraucher dasselbe Recht einzuräumen, oder dem Unternehmer zu gestatten, für noch nicht erbrachte Leistungen bereits gezahlte Beträge einzubehalten, wenn dieser den Vertrag widerruft oder den Vertrag beendet;

(g) es dem Unternehmer, außer bei Vorliegen schwerwiegender Gründe, zu ermöglichen, einen unbefristeten Vertrag ohne angemessene Frist zu beenden;

(h) einen befristeten Vertrag automatisch zu verlängern, wenn der Verbraucher sich nicht gegenteilig äußert, und im Vertrag einen unangemessen frühen Zeitpunkt dafür festzulegen;

(i) es einem Unternehmer zu ermöglichen, Vertragsbestimmungen einseitig ohne triftigen Grund, der im Vertrag festgelegt ist, zu ändern; dies berührt nicht Vertragsbestimmungen, nach denen sich ein Unternehmer das Recht vorbehält, die Bestimmungen eines unbefristeten Vertrags einseitig zu ändern, vorausgesetzt, dass der Unternehmer verpflichtet ist, den Verbraucher rechtzeitig hiervon in Kenntnis zu setzen, und es diesem freisteht, den Vertrag zu beenden, ohne dass ihm hierdurch Kosten entstehen;

(j) es dem Unternehmer zu ermöglichen, einseitig ohne triftigen Grund Merkmale der zu liefernden Waren, digitalen Inhalte oder der zu erbringenden verbundenen Dienstleistungen oder sonstige Leistungsmerkmale zu ändern;

(k) festzulegen, dass der Preis für die Waren, digitalen Inhalte oder verbundenen Dienstleistungen zum Zeitpunkt der Lieferung, Bereitstellung oder Erbringung festgesetzt wird, oder es dem Unternehmer zu ermöglichen, den Preis zu erhöhen, ohne dem Verbraucher das Recht einzuräumen, den Vertrag zu widerrufen, wenn der erhöhte Betrag im Verhältnis zu dem bei Vertragsschluss vereinbarten Preis zu hoch ist; dies berührt nicht Preisindexklauseln, wenn diese erlaubt sind, vorausgesetzt, dass die Methode, nach der sich die Preise ändern, ausdrücklich beschrieben wird;

(l) den Verbraucher zu verpflichten, seine sämtlichen vertraglichen Verpflichtungen zu erfüllen, auch wenn der Unternehmer seine eigenen Verpflichtungen nicht erfüllt;

(m) dem Unternehmer zu gestatten, seine vertraglichen Rechte und Verpflichtungen ohne Zustimmung des Verbrauchers zu übertragen, es sei denn, er überträgt sie auf eine von ihm beherrschte Tochtergesellschaft, oder die Übertragung ist das Ergebnis eines Zusammenschlusses oder eines ähnlich rechtmäßigen gesellschaftsrechtlichen Vorgangs und es ist nicht zu erwarten, dass der Verbraucher durch die Übertragung in seinen Rechten beeinträchtigt wird;

(n) dem Unternehmer zu gestatten, wenn das Bestellte nicht verfügbar ist, etwas Gleichwertiges zu liefern, ohne dass der Verbraucher ausdrücklich über diese Möglichkeit und darüber informiert worden ist, dass der Unternehmer, wenn der Verbraucher ein Recht auf Ablehnung der Leistung ausübt, die Kosten der Rücksendung des vom Verbraucher im Rahmen des Vertrags Empfangenen tragen muss;

(o) es dem Unternehmer zu gestatten, sich eine unangemessen lange oder nicht hinreichend bestimmte Frist für die Annahme oder Ablehnung eines Angebots vorzubehalten;

(p) es dem Unternehmer zu gestatten, sich eine unangemessen lange oder nicht hinreichend bestimmte Frist für die Erfüllung der vertraglichen Verpflichtungen vorzubehalten;

(q) in unangemessener Weise die Abhilfen oder Einwände, die dem Verbraucher gegen den Unternehmer oder dessen Forderungen zustehen, auszuschließen oder zu beschränken;

(r) die Erfüllung von vertraglichen Verpflichtungen durch den Unternehmer oder andere für den Verbraucher vorteilhafte Wirkungen des Vertrags besonderen Formerfordernissen zu unterwerfen, die unangemessen und gesetzlich nicht vorgeschrieben sind;

(s) vom Verbraucher überhöhte Vorauszahlungen oder überhöhte Sicherheiten für die Erfüllung der Verpflichtungen zu verlangen;

(t) den Verbraucher ohne Grund daran zu hindern, Lieferungen oder Reparaturleistungen von Dritten zu beziehen;

(u) den Vertrag ohne Grund an einen anderen Vertrag mit dem Unternehmer, einem Tochterunternehmen oder einem Dritten in einer für den Verbraucher nicht zu erwartenden Weise zu koppeln;

(v) dem Verbraucher die Beendigung eines unbefristeten Vertrags übermäßig zu erschweren;

(w) die erstmalige Laufzeit eines Vertrages über die lang andauernde Lieferung von Waren, die Bereitstellung digitaler Inhalte oder die Erbringung verbundener Dienstleistungen und dessen etwaige Verlängerung auf mehr als ein Jahr festzusetzen, es sei denn, der Verbraucher kann unter Einhaltung einer Kündigungsfrist von höchstens 30 Tagen den Vertrag jederzeit beenden.

Abschnitt 3. Unfaire Vertragsbestimmungen bei Verträgen zwischen Unternehmern

Art. 86 Bedeutung von „unfair“ in Verträgen zwischen Unternehmern. 1. In einem Vertrag zwischen Unternehmern gilt eine Vertragsbestimmung für die Zwecke dieses Abschnitts nur dann als unfair, wenn

(a) sie Bestandteil von nicht individuell ausgehandelten Vertragsbestimmungen im Sinne von Artikel 7 ist und

(b) so beschaffen ist, dass ihre Verwendung unter Verstoß gegen das Gebot von Treu und Glauben und des redlichen Geschäftsverkehrs gröblich von der guten Handelspraxis abweicht.

2. Bei der Prüfung der Unfairness einer Vertragsbestimmung für die Zwecke dieses Abschnitts ist Folgendes zu berücksichtigen:

(a) das Wesen des Vertragsgegenstands,

(b) die Umstände des Vertragsschlusses,

(c) die übrigen Vertragsbestimmungen und

(d) die Bestimmungen sonstiger Verträge, von denen der Vertrag abhängt.

Teil IV. Verpflichtungen und Abhilfen der Parteien eines Kaufvertrags oder eines Vertrags über die Bereitstellung digitaler Inhalte

Kapitel 9. Allgemeine Bestimmungen

Art. 87 Nichterfüllung und wesentliche Nichterfüllung. 1. Die Nichterfüllung einer Verpflichtung ist jegliches Ausbleiben der Erfüllung der Verpflichtung, unabhängig davon, ob entschuldigt oder nicht, und schließt Folgendes ein:

(a) die Nichtlieferung oder verspätete Lieferung der Waren,

(b) die Nichtbereitstellung oder verspätete Bereitstellung digitaler Inhalte,

(c) die Lieferung nicht vertragsgemäßer Waren,

(d) die Bereitstellung nicht vertragsgemäßer digitaler Inhalte,

(e) die Nichtzahlung oder verspätete Zahlung des Preises und

(f) jede sonstige behauptete Erfüllung, die nicht vertragsgemäß ist.

2. Die Nichterfüllung einer Verpflichtung durch eine Partei ist wesentlich, wenn

(a) sie der anderen Partei einen erheblichen Teil dessen vorenthält, was diese nach dem Vertrag erwarten durfte, es sei denn, dass die nichterfüllende Partei zum Zeitpunkt des Vertragsschlusses diese Folge nicht vorausgesehen hat und auch nicht voraussehen konnte, oder

(b) sie klar erkennen lässt, dass sich die andere Partei nicht auf die künftige Erfüllung durch die nichterfüllende Partei verlassen kann.

Art. 88 Entschuldigte Nichterfüllung. 1. Die Nichterfüllung einer Verpflichtung durch eine Partei ist entschuldigt, wenn sie auf einem außerhalb des Einflussbereichs dieser Partei liegenden Hindernis beruht und wenn von dieser Partei nicht erwartet werden konnte, das Hindernis zum Zeitpunkt des Vertragsschlusses in Betracht zu ziehen oder das Hindernis oder dessen Folgen zu vermeiden oder zu überwinden.

2. [1] Besteht das Hindernis nur vorübergehend, so ist die Nichterfüllung für den Zeitraum entschuldigt, in dem das Hindernis besteht. [2] Läuft die Verzögerung jedoch auf eine wesentliche Nichterfüllung hinaus, kann die andere Partei sie als solche behandeln.

3. [1] Die Partei, die nicht zur Erfüllung in der Lage ist, hat die Pflicht sicherzustellen, dass die andere Partei von dem Hindernis und dessen Auswirkungen auf die Fähigkeit der ersteren Partei zur Erfüllung unverzüglich Kenntnis erhält, nachdem die erstere Partei diese Umstände erkannt hat oder hätte erkennen müssen. [2] Die andere Partei hat Anspruch auf Schadensersatz für alle Verluste, die sich aus einer Verletzung dieser Pflicht ergeben.

Art. 89 Änderung der Umstände. 1. Eine Verpflichtung ist zu erfüllen, auch wenn die Erfüllung belastender geworden ist, sei es, weil sich die Kosten der Leistung erhöht haben oder weil sich der Wert der Gegenleistung vermindert hat.

Wird die Erfüllung wegen einer außergewöhnlichen Änderung der Umstände zu einer übermäßigen Belastung, sind die Parteien verpflichtet, Verhandlungen aufzunehmen, um den Vertrag anzupassen oder zu beenden.

2. Können die Parteien innerhalb einer angemessenen Frist keine Einigung erzielen, kann ein Gericht auf Antrag einer Partei

(a) den Vertrag in einer Weise anpassen, die dem entspricht, was die Parteien zum Zeitpunkt des Vertragsschlusses vereinbart hätten, wenn sie die Änderung der Umstände in Betracht gezogen hätten, oder

(b) den Vertrag im Sinne von Artikel 8 zu einem Zeitpunkt und unter Bedingungen, die das Gericht bestimmt, beenden.

3. Absätze 1 und 2 gelten nur, wenn

(a) die Änderung der Umstände nach Abschluss des Vertrages eingetreten ist,

(b) die Partei, die sich auf die Änderung der Umstände beruft, die Möglichkeit oder das Ausmaß einer solchen Änderung zu jener Zeit nicht in Betracht gezogen hat und auch nicht in Betracht ziehen musste und

(c) die benachteiligte Partei das Risiko einer Änderung der Umstände nicht übernommen hat und auch nicht angenommen werden kann, dass sie es übernommen hätte.

4. Als „Gericht" im Sinne der Absätze 2 und 3 gilt auch ein Schiedsgericht.

Art. 90 Erweiterte Anwendung der Vorschriften über Zahlungen sowie über die Nichtannahme von Waren oder digitalen Inhalten. 1. Sofern nicht anders bestimmt, gelten die Vorschriften in Kapitel 12 über die Zahlung des Preises durch den Käufer mit entsprechenden Anpassungen auch für andere Zahlungen.

2. Artikel 97 gilt mit entsprechenden Anpassungen für andere Fälle, in denen eine Person im Besitz von Waren oder digitalen Inhalten verbleibt, weil eine andere Person diese Gegenstände nicht annimmt, obwohl sie dazu verpflichtet ist.

Kapitel 10. Verpflichtungen des Verkäufers

Abschnitt 1. Allgemeine Bestimmungen

Art. 91 Hauptverpflichtungen des Verkäufers. Der Verkäufer von Waren oder der Lieferant digitaler Inhalte (in diesem Teil „Verkäufer") muss

(a) die Waren liefern oder die digitalen Inhalte bereitstellen,

(b) das Eigentum an den Waren einschließlich an dem materiellen Datenträger, auf dem die digitalen Inhalte bereitgestellt werden, übertragen,
(c) sicherstellen, dass die Waren oder digitalen Inhalte vertragsgemäß sind,
(d) sicherstellen, dass der Käufer das Recht hat, die digitalen Inhalte entsprechend dem Vertrag zu nutzen, und
(e) Dokumente, die die Waren oder digitalen Inhalte vertreten oder diese betreffen, übergeben, wenn dies vertraglich vorgesehen ist.

Art. 92 Erfüllung durch einen Dritten. 1. Der Verkäufer kann eine andere Person mit der Erfüllung betrauen, sofern den Vertragsbestimmungen zufolge keine persönliche Leistung des Verkäufers geschuldet ist.

2. Der Verkäufer, der eine andere Person mit der Erfüllung betraut, bleibt für die Erfüllung verantwortlich.

3. Im Verhältnis zwischen einem Unternehmer und einem Verbraucher dürfen die Parteien die Anwendung des Absatzes 2 nicht zum Nachteil des Verbrauchers ausschließen, davon abweichen oder dessen Wirkungen ändern.

Abschnitt 2. Lieferung

Art. 93 Ort der Lieferung. 1. Kann der Ort der Lieferung nicht anderweitig bestimmt werden, so ist Ort der Lieferung

(a) im Falle eines Verbraucherkaufvertrags oder eines Vertrags über die Bereitstellung digitaler Inhalte, bei dem es sich um einen Fernabsatzvertrag oder einen außerhalb von Geschäftsräumen geschlossenen Vertrag handelt oder in dem sich der Verkäufer verpflichtet hat, für die Beförderung bis zum Käufer zu sorgen, der Aufenthaltsort des Verbrauchers zum Zeitpunkt des Vertragsschlusses;
(b) in allen anderen Fällen,
  i) in denen der Kaufvertrag die Beförderung der Waren durch einen Beförderer oder eine Reihe von Beförderern einschließt, die am nächsten gelegene Abholstelle des ersten Beförderers;
  ii) in denen der Vertrag keine Beförderung einschließt, der Geschäftssitz des Verkäufers zum Zeitpunkt des Vertragsschlusses.

2. Hat der Verkäufer mehr als einen Geschäftssitz, ist für die Zwecke von Absatz 1 Buchstabe b derjenige Geschäftssitz maßgebend, der die engste Beziehung zu der Lieferverpflichtung aufweist.

Art. 94 Art der Lieferung. 1. Sofern nicht anders vereinbart, erfüllt der Verkäufer seine Lieferverpflichtung

(a) im Falle eines Verbraucherkaufvertrags oder eines Vertrags über die Bereitstellung digitaler Inhalte, bei dem es sich um einen Fernabsatzvertrag oder einen außerhalb von Geschäftsräumen geschlossenen Vertrag handelt oder in dem sich der Verkäufer verpflichtet hat, für die Beförderung bis zum Käufer zu sorgen, durch die Übertragung des Besitzes an den Waren beziehungsweise durch die Übertragung der Kontrolle über die digitalen Inhalte auf den Verbraucher;
(b) in anderen Fällen, in denen der Vertrag die Beförderung der Waren durch einen Beförderer einschließt, durch Übergabe der Waren an den ersten

Beförderer zur Versendung an den Käufer und durch Übergabe aller notwendigen Dokumente an den Käufer, die es diesem ermöglichen, die Waren von dem Beförderer, der die Waren hat, zu übernehmen, oder

(c) in Fällen, die nicht unter Buchstabe a oder b fallen, durch Bereitstellung der Waren oder der digitalen Inhalte an den Käufer oder, wenn vereinbart wurde, dass der Verkäufer nur die Waren vertretende Dokumente liefern muss, durch Übergabe dieser Dokumente.

2. Die Vorschriften in Absatz 1 Buchstaben a und c über den Verbraucher oder den Käufer gelten auch für einen Dritten, der nicht der Beförderer ist und der vom Verbraucher oder vom Käufer vertragsgemäß bezeichnet worden ist.

Art. 95 Zeitpunkt der Lieferung. 1. Lässt sich der Lieferzeitpunkt nicht anderweitig bestimmen, müssen die Waren oder digitalen Inhalte unverzüglich nach Vertragsschluss geliefert werden.

2. Bei Verträgen zwischen einem Unternehmer und einem Verbraucher muss der Unternehmer die Waren oder digitalen Inhalte, sofern die Parteien nichts anderes vereinbart haben, innerhalb von 30 Tagen nach Vertragsschluss liefern.

Art. 96 Verpflichtungen des Verkäufers bezüglich der Beförderung der Waren. 1. Ist der Verkäufer nach dem Vertrag verpflichtet, für die Beförderung der Waren zu sorgen, so hat er die Verträge zu schließen, die zur Beförderung an den festgesetzten Ort mit den nach den Umständen angemessenen Beförderungsmitteln und zu den für solche Beförderungen üblichen Bedingungen erforderlich sind.

2. Übergibt der Verkäufer die Waren vertragsgemäß einem Beförderer und sind die Waren nicht deutlich durch daran angebrachte Kennzeichen, durch Beförderungsdokumente oder auf andere Weise als die vertragsgemäß zu liefernden Waren zu erkennen, so hat der Verkäufer dem Käufer die Versendung mitzuteilen und dabei die Waren im Einzelnen zu bezeichnen.

3. Ist der Verkäufer vertraglich nicht zum Abschluss einer Transportversicherung verpflichtet, so hat er dem Käufer auf dessen Verlangen alle ihm verfügbaren Informationen mitzuteilen, die für den Abschluss einer solchen Versicherung durch den Käufer erforderlich sind.

Art. 97 Nichtannahme der Waren oder digitalen Inhalte durch den Käufer. 1. Verbleibt der Verkäufer im Besitz der Waren oder digitalen Inhalte, weil der Käufer sie nicht angenommen hat, obwohl er dazu verpflichtet ist, hat der Verkäufer angemessene Vorkehrungen zu ihrem Schutz und ihrer Erhaltung zu treffen.

2. Der Verkäufer kann seine Lieferverpflichtung erfüllen, indem er

(a) die Waren oder digitalen Inhalte zu angemessenen Bedingungen bei einem Dritten zugunsten des Käufers hinterlegt und diesen davon benachrichtigt oder

(b) die Waren oder digitalen Inhalte nach Benachrichtigung des Käufers zu angemessenen Bedingungen verkauft und dem Käufer den Nettoerlös auszahlt.

3. Der Verkäufer ist berechtigt, die Erstattung aller sachlich gerechtfertigten Kosten zu verlangen oder diese aus dem Verkaufserlös einzubehalten.

Art. 98 Wirkung in Bezug auf den Gefahrübergang. Die Wirkung der Lieferung in Bezug auf den Gefahrübergang ist in Kapitel 14 geregelt.

Abschnitt 3. Vertragsmäßigkeit der Waren und digitalen Inhalte

Art. 99 Vertragsmäßigkeit. 1. Die Waren oder digitalen Inhalte sind vertragsgemäß, wenn sie

(a) in Menge, Qualität und Art den Anforderungen des Vertrags entsprechen,

(b) hinsichtlich Behältnis oder Verpackung den Anforderungen des Vertrags entsprechen und

(c) den Anforderungen des Vertrags entsprechend mit sämtlichem Zubehör, Montageanleitungen oder anderen Anleitungen geliefert werden.

2. Um den Anforderungen des Vertrags zu entsprechen, müssen die Waren oder digitalen Inhalte überdies den Anforderungen der Artikel 100, 101 und 102 genügen, soweit die Parteien nichts anderes vereinbart haben.

3. In einem Verbraucherkaufvertrag ist eine Vereinbarung, die von den Anforderungen der Artikel 100, 102 und 103 zum Nachteil des Verbrauchers abweicht, nur dann gültig, wenn dem Verbraucher der besondere Umstand der Waren oder digitalen Inhalte zum Zeitpunkt des Vertragsschlusses bekannt war und er die Waren oder digitalen Inhalte bei Vertragsschluss als vertragsgemäß akzeptiert hat.

4. In einem Verbraucherkaufvertrag dürfen die Parteien die Anwendung des Absatzes 3 nicht zum Nachteil des Verbrauchers ausschließen, davon abweichen oder seine Wirkungen abändern.

Art. 100 Kriterien für die Vertragsmäßigkeit der Waren und digitalen Inhalte. Die Waren oder digitalen Inhalte müssen:

(a) für jeden bestimmten Zweck geeignet sein, der dem Verkäufer zum Zeitpunkt des Vertragsschlusses zur Kenntnis gebracht wurde, außer wenn sich aus den Umständen ergibt, dass der Käufer nicht auf die Sachkenntnis und das Urteilsvermögen des Verkäufers vertraute oder vernünftigerweise nicht hätte vertrauen dürfen;

(b) sich für die Zwecke eignen, für die Waren oder digitale Inhalte der gleichen Art gewöhnlich gebraucht werden;

(c) die Eigenschaften der Waren oder digitalen Inhalte besitzen, die der Verkäufer dem Käufer als Probe oder Muster vorgelegt hat;

(d) in der für Waren dieser Art üblichen Weise oder, falls es eine solche Weise nicht gibt, in einer für die Erhaltung und den Schutz der Waren angemessenen Weise umschlossen und verpackt sein;

(e) mit solchem Zubehör, Montageanleitungen und anderen Anleitungen geliefert werden, deren Erhalt der Käufer erwarten kann;

(f) diejenigen Eigenschaften und diejenige Tauglichkeit besitzen, die in einer vorvertraglichen Erklärung angegeben sind, die gemäß Artikel 69 Teil der Vertragsbestimmungen ist, und

(g) diejenigen Eigenschaften und diejenige Tauglichkeit besitzen, die der Käufer erwarten kann. Wenn zu bestimmen ist, was der Verbraucher von digitalen Inhalten erwarten kann, ist dem Umstand Rechnung zu tragen, ob die digitalen Inhalte gegen Zahlung eines Preises bereitgestellt wurden oder nicht.

Art. 101 Unsachgemäße Montage oder Installierung bei einem Verbraucherkaufvertrag. 1. Werden Waren oder digitale Inhalte, die aufgrund eines Verbraucherkaufvertrags geliefert wurden, unsachgemäß montiert oder installiert, ist jede hierdurch verursachte Vertragswidrigkeit als Vertragswidrigkeit der Waren oder digitalen Inhalte anzusehen, wenn

(a) die Waren oder digitalen Inhalte vom Verkäufer oder unter seiner Verantwortung montiert oder installiert wurden oder

(b) die Waren oder digitalen Inhalte zur Montage oder Installierung durch den Verbraucher bestimmt waren und die unsachgemäße Montage oder Installierung auf einen Mangel in der Anleitung zurückzuführen ist.

2. Die Parteien dürfen die Anwendung dieses Artikels nicht zum Nachteil des Verbrauchers ausschließen, davon abweichen oder dessen Wirkungen abändern.

Art. 102 Rechte oder Ansprüche Dritter. 1. Die Waren oder digitalen Inhalte müssen frei von Rechten oder nicht offensichtlich unbegründeten Ansprüchen Dritter sein.

2. In Bezug auf Rechte oder Ansprüche aus geistigem Eigentum gilt vorbehaltlich der Absätze 3 und 4, dass die Waren oder digitalen Inhalte frei sein müssen von Rechten oder nicht offensichtlich unbegründeten Ansprüchen Dritter, die

(a) nach dem Recht des Staates bestehen, in dem die Waren oder digitalen Inhalte entsprechend dem Vertrag genutzt werden, oder in Ermangelung einer solchen Vereinbarung die nach dem Recht des Staates bestehen, in dem der Käufer seinen Geschäftssitz hat, oder bei Verträgen zwischen einem Unternehmer und einem Verbraucher nach dem Recht des Staates, in dem der Verbraucher entsprechend seiner Angabe zum Zeitpunkt des Vertragsschlusses seinen gewöhnlichen Aufenthalt hat, und

(b) der Verkäufer zum Zeitpunkt des Vertragsschlusses kannte oder hätte kennen müssen.

3. Bei Verträgen zwischen Unternehmen findet Absatz 2 keine Anwendung, wenn der Käufer die Rechte oder Ansprüche aus geistigem Eigentum zum Zeitpunkt des Vertragsschlusses kannte oder hätte kennen müssen.

4. Bei Verträgen zwischen einem Unternehmer und einem Verbraucher findet Absatz 2 keine Anwendung, wenn der Verbraucher die Rechte oder Ansprüche aus geistigem Eigentum zum Zeitpunkt des Vertragsschlusses kannte oder hätte kennen müssen.

5. Bei Verträgen zwischen einem Unternehmer und einem Verbraucher dürfen die Parteien die Anwendung dieses Artikels nicht zum Nachteil des Verbrauchers ausschließen, davon abweichen oder dessen Wirkungen abändern.

Art. 103 Beschränkung der Anforderung an die Vertragsmäßigkeit digitaler Inhalte. Digitale Inhalte gelten nicht allein deshalb als vertragswidrig, weil nach Vertragsschluss aktualisierte digitale Inhalte verfügbar waren.

Art. 104 Kenntnis des Käufers von der Vertragswidrigkeit bei einem Vertrag zwischen Unternehmern. Bei einem Vertrag zwischen Unternehmern haftet der Verkäufer nicht für die Vertragswidrigkeit der Waren, wenn der Käufer zum Zeitpunkt des Vertragsschlusses die Vertragswidrigkeit kannte oder hätte kennen müssen.

Art. 105 Maßgeblicher Zeitpunkt für die Feststellung der Vertragsmäßigkeit. 1. Der Verkäufer haftet für jede Vertragswidrigkeit, die zum Zeitpunkt des Übergangs der Gefahr auf den Käufer nach Kapitel 14 besteht.

2. Bei einem Verbraucherkaufvertrag wird vermutet, dass eine Vertragswidrigkeit, die innerhalb von sechs Monaten nach dem Übergang der Gefahr auf den Käufer offenbar wird, zum Zeitpunkt des Gefahrübergangs bestanden hat, es sei denn, dies ist mit der Art der Waren oder digitalen Inhalte oder mit der Art der Vertragswidrigkeit unvereinbar.

3. [1] Im Falle des Artikels 101 Absatz 1 Buchstabe a gilt jede Bezugnahme in Absatz 1 oder Absatz 2 auf den Zeitpunkt des Übergangs der Gefahr auf den Käufer als Bezugnahme auf den Zeitpunkt, zu dem die Montage oder Installierung abgeschlossen ist. [2] Im Falle des Artikels 101 Absatz 1 Buchstabe b ist für den Gefahrübergang der Zeitpunkt maßgebend, zu dem der Verbraucher die Montage oder Installierung innerhalb einer angemessenen Zeit abgeschlossen hat.

4. Muss der Unternehmer die digitalen Inhalte zu einem späteren Zeitpunkt aktualisieren, hat er dafür zu sorgen, dass die Vertragsmäßigkeit der digitalen Inhalte während der Vertragslaufzeit gewahrt ist.

5. Bei Verträgen zwischen einem Unternehmer und einem Verbraucher dürfen die Parteien die Anwendung dieses Artikels nicht zum Nachteil des Verbrauchers ausschließen, davon abweichen oder dessen Wirkungen abändern.

Kapitel 11. Abhilfen des Käufers

Abschnitt 1. Allgemeine Bestimmungen

Art. 106 Übersicht über die Abhilfen des Käufers. 1. Hat der Verkäufer eine Verpflichtung nicht erfüllt, kann der Käufer

(a) die Erfüllung gemäß Abschnitt 3 verlangen, die die Erfüllung der betreffenden Verpflichtung, die Reparatur oder den Ersatz der Waren oder digitalen Inhalte einschließt,

(b) seine eigene Leistung gemäß Abschnitt 4 zurückhalten,

(c) gemäß Abschnitt 5 den Vertrag beenden und gemäß Kapital 17 die Erstattung des bereits gezahlten Preises verlangen,

(d) den Preis gemäß Abschnitt 6 mindern und

(e) Schadensersatz gemäß Kapitel 16 verlangen.

2. Handelt es sich bei dem Käufer um einen Unternehmer, gilt Folgendes:

(a) Das Recht des Käufers auf Abhilfe mit Ausnahme der Zurückhaltung seiner Leistung besteht vorbehaltlich der Heilung der Nichterfüllung durch den Verkäufer gemäß Abschnitt 2, und

(b) das Recht des Käufers, sich auf Vertragswidrigkeit zu berufen, besteht vorbehaltlich der Prüfungs- und Mitteilungspflichten gemäß Abschnitt 7.

3. Handelt es sich bei dem Käufer um einen Verbraucher, gilt Folgendes:

(a) Die Rechte des Käufers bestehen ungeachtet der Heilung der Nichterfüllung durch den Verkäufer, und

(b) die Prüfungs- und Mitteilungspflichten gemäß Abschnitt 7 finden keine Anwendung.

4. Ist die Nichterfüllung des Verkäufers entschuldigt, kann der Käufer von den in Absatz 1 genannten Abhilfen Gebrauch machen mit Ausnahme der Forderung nach Erfüllung und Schadensersatz.

5. Der Käufer kann von den in Absatz 1 genannten Abhilfen nicht Gebrauch machen, soweit er die Nichterfüllung des Verkäufers verursacht hat.

6. Abhilfen, die miteinander vereinbar sind, können nebeneinander geltend gemacht werden.

Art. 107 Beschränkung der Abhilfen bei nicht gegen Zahlung eines Preises bereitgestellten digitalen Inhalten. [1] Der Käufer kann von den in Artikel 106 Absatz 1 Buchstaben a bis d genannten Abhilfen nicht Gebrauch machen, wenn die digitalen Inhalte nicht gegen Zahlung eines Preises bereitgestellt werden. [2] Der Käufer kann für Verluste oder Schäden an seinem Eigentum einschließlich an der Hardware, Software und an den Daten, die durch die Vertragswidrigkeit der gelieferten digitalen Inhalte verursacht wurden, nur Schadensersatz gemäß Artikel 106 Absatz 1 Buchstabe e verlangen mit Ausnahme des Ersatzes des dem Käufer durch diesen Schaden entgangenen Gewinns.

Art. 108 Zwingender Charakter der Vorschriften. Bei Verträgen zwischen einem Unternehmer und einem Verbraucher dürfen die Parteien die Anwendung dieses Kapitels nicht zum Nachteil des Verbrauchers ausschließen, davon abweichen oder dessen Wirkungen abändern, bevor der Verbraucher dem Unternehmer die Vertragswidrigkeit zur Kenntnis gebracht hat.

Abschnitt 2. Heilung durch den Verkäufer

Art. 109 Heilung durch den Verkäufer. 1. Ein Verkäufer, der die Leistung vorzeitig angeboten hat und dem mitgeteilt wurde, dass dies nicht vertragsgemäß ist, darf die Leistung erneut und vertragsgemäß anbieten, wenn dies innerhalb der Leistungszeit möglich ist.

2. In nicht von Absatz 1 erfassten Fällen kann ein Verkäufer, der eine nicht vertragsgemäße Leistung angeboten hat, unverzüglich nach seiner Unterrichtung über die Vertragswidrigkeit die Heilung auf eigene Kosten anbieten.

3. Ein Angebot zur Heilung wird durch eine Mitteilung über die Beendigung des Vertrags nicht ausgeschlossen.

4. Der Käufer darf ein Angebot zur Heilung nur dann ablehnen, wenn

(a) die Heilung nicht umgehend und nicht ohne erhebliche Unannehmlichkeiten für den Käufer bewirkt werden kann,

(b) der Käufer Grund zu der Annahme hat, dass er sich nicht auf die künftige Leistung durch den Verkäufer verlassen kann, oder

(c) eine verspätete Erfüllung einer wesentlichen Nichterfüllung gleichkäme.

5. Der Verkäufer verfügt über einen angemessenen Zeitraum für die Heilung.

6. Der Käufer darf seine Leistung bis zur Heilung zurückhalten, aber seine sonstigen Rechte, die mit der Einräumung einer Frist für die Heilung durch den Verkäufer nicht vereinbar sind, sind bis zum Ablauf dieser Frist ausgesetzt.

7. Ungeachtet einer Heilung behält der Käufer das Recht, Schadensersatz wegen Verspätung sowie für jeden Schaden zu verlangen, der durch die Heilung verursacht oder nicht abgewendet wird.

Abschnitt 3. Forderung nach Erfüllung

Art. 110 Forderung nach Erfüllung der Verpflichtungen des Verkäufers. 1. Der Käufer ist berechtigt, die Erfüllung der Verpflichtungen des Verkäufers zu verlangen.

2. Die Erfüllung, die verlangt werden darf, umfasst die kostenlose Abhilfe im Falle einer nicht vertragsgemäßen Leistung.

3. Erfüllung kann nicht verlangt werden, wenn

(a) die Erfüllung unmöglich wäre oder rechtswidrig geworden ist, oder

(b) die Erfüllung im Vergleich zu dem Vorteil, den der Käufer dadurch erlangen würde, unverhältnismäßig aufwändig oder kostspielig wäre.

Art. 111 Wahl des Verbrauchers zwischen Reparatur und Ersatzlieferung. 1. Muss der Unternehmer bei einem Verbraucherkaufvertrag einer Vertragswidrigkeit gemäß Artikel 110 Absatz 2 abhelfen, kann der Verbraucher zwischen Reparatur und Ersatzlieferung wählen, es sei denn, die gewählte Möglichkeit wäre rechtswidrig oder unmöglich oder würde dem Unternehmer im Vergleich zur anderen Wahlmöglichkeit unverhältnismäßig hohe Kosten auferlegen unter Berücksichtigung

(a) des Werts, den die Waren hätten, wenn sie vertragsgemäß wären,

(b) der Erheblichkeit der Vertragswidrigkeit und

(c) des Umstands, ob die alternative Abhilfe ohne erhebliche Unannehmlichkeiten für den Verbraucher geleistet werden kann.

2. [1] Hat der Verbraucher eine Abhilfe durch Reparatur oder Ersatzlieferung gemäß Absatz 1 verlangt, kann er nur dann von anderen Abhilfen Gebrauch machen, wenn der Unternehmer die Reparatur oder die Ersatzlieferung nicht innerhalb einer angemessenen Frist, die 30 Tage nicht überschreiten darf, durchgeführt hat. [2] Während dieser Zeit darf der Verbraucher seine Leistung jedoch zurückhalten.

Art. 112 Rücknahme ersetzter Gegenstände. 1. Hat der Verkäufer der Vertragswidrigkeit durch Ersatzlieferung abgeholfen, hat er das Recht und die Pflicht, den ersetzten Gegenstand auf seine Kosten zurückzunehmen.

2. Der Käufer haftet nicht auf Wertersatz für die Nutzung des ersetzten Gegenstands in der Zeit vor der Ersatzlieferung.

Abschnitt 4. Zurückhaltung der Leistung durch den Käufer

Art. 113 Recht auf Zurückhaltung der Leistung. 1. Ein Käufer, der gleichzeitig mit oder nach der Leistung des Verkäufers erfüllen muss, hat das Recht, seine Leistung zurückzuhalten, bis der Verkäufer seine Leistung angeboten oder erbracht hat.

2. Ein Käufer, der vor der Leistung des Verkäufers erfüllen muss und Grund zu der Annahme hat, dass der Verkäufer nicht fristgemäß erfüllen wird, kann seine Leistung so lange zurückhalten, wie diese Annahme fortbesteht.

3. [1] Die Leistung, die nach diesem Artikel zurückgehalten werden kann, umfasst die ganze oder einen Teil der Leistung, soweit dies durch die Nichterfüllung gerechtfertigt ist. [2] Sind die Verpflichtungen des Verkäufers in selbstständigen Teilleistungen zu erfüllen oder auf andere Weise teilbar, kann der Käufer seine Leistung nur im Verhältnis zu der nichterfüllten Teilleistung des Verkäufers zurückhalten, es sei denn, die Nichterfüllung durch den Verkäufer rechtfertigt die Zurückhaltung der gesamten Leistung des Käufers.

Abschnitt 5. Beendigung des Vertrags

Art. 114 Beendigung wegen Nichterfüllung. 1. Der Käufer kann im Sinne von Artikel 8 den Vertrag beenden, wenn die Nichterfüllung des Verkäufers im Rahmen des Vertrags wesentlich im Sinne von Artikel 87 Absatz 2 ist.

2. Bei einem Verbraucherkaufvertrag und einem Vertrag zwischen einem Unternehmer und einem Verbraucher über die Bereitstellung digitaler Inhalte kann der Verbraucher den Vertrag beenden, wenn Nichterfüllung vorliegt, weil die Waren nicht vertragsgemäß sind, es sei denn, die Vertragswidrigkeit der Waren ist unerheblich.

Art. 115 Beendigung wegen verspäteter Lieferung nach Setzen einer Nachfrist für die Erfüllung. 1. Ein Käufer kann im Fall einer verspäteten Lieferung, die nicht als solche als wesentlich anzusehen ist, den Vertrag beenden, wenn er dem Verkäufer in einer Mitteilung eine angemessene Nachfrist zur Erfüllung setzt und der Verkäufer nicht innerhalb dieser Frist erfüllt.

2. Die Nachfrist gemäß Absatz 1 gilt als angemessen, wenn der Verkäufer ihr nicht unverzüglich widerspricht.

3. Bestimmt die Mitteilung, dass ohne Weiteres Beendigung eintreten soll, wenn der Verkäufer nicht innerhalb der in der Mitteilung gesetzten Frist erfüllt, wird die Beendigung nach Ablauf dieser Frist ohne weitere Mitteilung wirksam.

Art. 116 Beendigung wegen voraussichtlicher Nichterfüllung. Der Käufer kann den Vertrag beenden, bevor die Erfüllung fällig wird, wenn der Verkäufer erklärt hat oder anderweitig offensichtlich ist, dass Nichterfüllung eintreten wird, und wenn die Nichterfüllung die Beendigung des Vertrags rechtfertigen würde.

Art. 117 Umfang des Beendigungsrechts. 1. Sind die vertraglichen Verpflichtungen des Verkäufers in selbstständigen Teilleistungen zu erfüllen oder auf andere Weise teilbar, so kann der Käufer, wenn für einen Teil, dem ein Preis zugeordnet werden kann, ein Beendigungsgrund nach diesem Abschnitt besteht, den Vertrag nur in Bezug auf diesen Teil beenden.

2. Absatz 1 gilt nicht, wenn vom Käufer nicht erwartet werden kann, dass er die Leistung der anderen Teile annimmt, oder die Nichterfüllung die Beendigung des gesamten Vertrags rechtfertigt.

3. Sind die vertraglichen Verpflichtungen des Verkäufers unteilbar oder kann für einen Teil der Leistung kein Preis zugeordnet werden, kann der Käufer den Vertrag nur dann beenden, wenn die Nichterfüllung die Beendigung des gesamten Vertrags rechtfertigt.

Art. 118 Mitteilung über die Beendigung des Vertrags. Das Recht auf Vertragsbeendigung nach diesem Abschnitt wird durch Mitteilung an den Verkäufer ausgeübt.

Art. 119 Verlust des Rechts auf Vertragsbeendigung. 1. Der Käufer verliert sein Recht auf Vertragsbeendigung nach diesem Abschnitt, wenn die Beendigung nicht innerhalb einer angemessenen Frist ab Entstehung des Rechts oder ab dem Zeitpunkt, zu dem der Käufer von der Nichterfüllung Kenntnis erlangt hat oder hätte erlangen müssen, je nachdem, welches Ereignis später eingetreten ist, mitgeteilt wird.

2. Absatz 1 gilt nicht, wenn

(a) es sich bei dem Käufer um einen Verbraucher handelt oder

(b) überhaupt keine Leistung angeboten wurde.

Abschnitt 6. Preisminderung

Art. 120 Recht auf Preisminderung. 1. [1] Der Käufer, der eine nicht vertragsgemäße Leistung annimmt, kann den Preis mindern. [2] Die Minderung bemisst sich nach dem Verhältnis, in dem der verminderte Wert der Leistung zur Zeit des Leistungsangebots zu dem Wert steht, den eine vertragsgemäße Leistung gehabt hätte.

2. Der Käufer, der nach Absatz 1 zur Minderung des Preises berechtigt ist und bereits einen höheren Betrag als den geminderten Preis gezahlt hat, kann die Differenz vom Verkäufer zurückverlangen.

3. Der Käufer, der den Preis mindert, kann für den dadurch ausgeglichenen Verlust nicht auch noch Schadensersatz verlangen; er behält aber das Recht, für jeden weiteren Verlust Schadensersatz zu verlangen.

Abschnitt 7. Prüfungs- und Mitteilungspflichten bei einem Vertrag zwischen Unternehmern

Art. 121 Prüfung der Waren bei einem Vertrag zwischen Unternehmern. 1. Bei einem Vertrag zwischen Unternehmern wird vom Käufer erwartet, dass er die Waren innerhalb einer so kurzen Frist prüft oder prüfen lässt, wie es die Umstände erlauben, wobei diese Frist 14 Tage ab dem Zeitpunkt der Lieferung der Waren, der Bereitstellung der digitalen Inhalte oder der Erbringung verbundener Dienstleistungen nicht überschreiten darf.

2. Schließt der Vertrag die Beförderung der Waren ein, kann die Prüfung bis nach dem Eintreffen der Waren am Bestimmungsort aufgeschoben werden.

3. Werden die Waren vom Käufer umgeleitet oder weiterversandt, bevor der Käufer angemessene Gelegenheit zur Prüfung hatte, und war dem Verkäufer bei Vertragsschluss die Möglichkeit einer solchen Umleitung oder Weiterversendung bekannt oder hätte sie ihm bekannt sein müssen, kann die Prüfung bis nach dem Eintreffen der Waren an ihrem neuen Bestimmungsort aufgeschoben werden.

Art. 122 Mitteilungspflicht bei nicht vertragsgemäß erbrachter Leistung im Falle von Kaufverträgen zwischen Unternehmern. 1. Bei einem Vertrag zwischen Unternehmern kann sich der Käufer nur dann auf die Vertragswidrigkeit der Leistung berufen, wenn er dem Verkäufer innerhalb einer angemessenen Frist mitteilt, inwiefern die Leistung nicht vertragsgemäß erbracht wurde.

Die Frist beginnt ab dem Zeitpunkt, zu dem die Waren geliefert worden sind oder der Käufer die Vertragswidrigkeit feststellt oder hätte feststellen müssen, je nachdem, welches Ereignis später eingetreten ist.

2. Der Käufer verliert das Recht, sich auf eine Vertragswidrigkeit zu berufen, wenn er dem Verkäufer die Vertragswidrigkeit nicht innerhalb von zwei Jahren mitteilt, nachdem ihm die Waren tatsächlich entsprechend dem Vertrag übergeben worden sind.

3. Haben die Parteien vereinbart, dass die Waren für einen bestimmten Zweck geeignet sein oder ihren gewöhnlichen Zweck über einen festgelegten Zeitraum erfüllen müssen, läuft die Frist für die Mitteilung nach Absatz 2 nicht vor Ablauf dieses vereinbarten Zeitraums ab.

4. Absatz 2 ist nicht auf Rechte oder Ansprüche Dritter gemäß Artikel 102 anwendbar.

5. Der Käufer muss dem Verkäufer nicht mitteilen, dass nicht alle Waren geliefert worden sind, wenn er Grund zu der Annahme hat, dass die ausstehenden Waren noch geliefert werden.

6. Der Verkäufer ist nicht berechtigt, sich auf diesen Artikel zu berufen, wenn die Vertragswidrigkeit auf Tatsachen beruht, die er kannte oder hätte kennen müssen und die er dem Käufer nicht offen gelegt hat.

Kapitel 12. Verpflichtungen des Käufers

Abschnitt 1. Allgemeine Bestimmungen

Art. 123 Hauptverpflichtungen des Käufers. 1. Der Käufer muss

(a) den Preis zahlen,

(b) die Waren oder die digitalen Inhalte annehmen und

(c) Dokumente, die die Waren oder digitalen Inhalte vertreten oder diese betreffen, übernehmen, wenn dies vertraglich vorgesehen ist.

2. Absatz 1 Buchstabe a gilt nicht für Verträge über die Bereitstellung digitaler Inhalte, wenn die digitalen Inhalte nicht gegen Zahlung eines Preises bereitgestellt werden.

Abschnitt 2. Zahlung des Preises

Art. 124 Zahlungsweise. 1. Die Zahlung erfolgt auf die in den Vertragsbestimmungen angegebene Weise oder, wenn nichts angegeben ist, auf jede Weise, die am Ort der Zahlung im allgemeinen Geschäftsverkehr für die Art des betreffenden Geschäfts üblich ist.

2. [1] Nimmt ein Verkäufer einen Scheck, eine andere Zahlungsanweisung oder ein Zahlungsversprechen an, so wird vermutet, dass dies nur unter der Bedingung der Einlösung geschieht. [2] Der Verkäufer kann die ursprüngliche Zahlungsverpflichtung vollstrecken, wenn die Anweisung oder das Versprechen nicht eingelöst wird.

3. Die ursprüngliche Zahlungsverpflichtung des Käufers erlischt, wenn der Verkäufer ein Zahlungsversprechen eines Dritten annimmt, mit dem der Verkäufer zuvor vereinbart hat, dass er das Versprechen des Dritten als Zahlungsweise annimmt.

4. Bei einem Vertrag zwischen einem Unternehmer und einem Verbraucher hat der Verbraucher nicht die mit einer bestimmten Zahlungsweise verbundenen Gebühren zu tragen, die die Kosten des Unternehmers für die Benutzung dieser Zahlungsweise übersteigen.

Art. 125 Ort der Zahlung. 1. Kann der Ort der Zahlung nicht anderweitig bestimmt werden, so ist Ort der Zahlung der Geschäftssitz des Verkäufers zum Zeitpunkt des Vertragsschlusses.

2. Hat der Verkäufer mehr als einen Geschäftssitz, ist der Geschäftssitz maßgebend, die die engste Beziehung zu der Zahlungsverpflichtung aufweist.

Art. 126 Zeitpunkt der Zahlung. 1. Die Zahlung des Preises ist bei Lieferung fällig.

2. Der Verkäufer kann eine vor Fälligkeit der Zahlung angebotene Zahlung ablehnen, wenn er ein berechtigtes Interesse an der Ablehnung hat.

Art. 127 Zahlung durch einen Dritten. 1. [1] Der Käufer kann eine andere Person mit der Zahlung betrauen. [2] Der Käufer, der eine andere Person mit der Zahlung betraut, bleibt für die Zahlung verantwortlich.

2. Der Verkäufer kann die Zahlung durch einen Dritten nicht ablehnen, wenn

(a) der Dritte mit Zustimmung des Käufers handelt oder

(b) der Dritte ein berechtigtes Interesse an der Zahlung hat und der Käufer nicht gezahlt hat oder offensichtlich ist, dass der Käufer zum Zeitpunkt der Fälligkeit nicht zahlen wird.

3. Die Zahlung durch einen Dritten gemäß Absatz 1 oder 2 befreit den Käufer von seiner Haftung gegenüber dem Verkäufer.

4. Nimmt der Verkäufer die Zahlung durch einen Dritten in einem Fall an, der nicht unter Absatz 1 oder 2 fällt, wird der Käufer von seiner Haftung gegenüber dem Verkäufer befreit, wobei der Verkäufer dem Käufer für jeden durch die Annahme verursachten Verlust haftet.

Art. 128 Anrechnung der Zahlung. 1. Hat der Käufer gegenüber dem Verkäufer mehrere Zahlungen zu leisten und reicht die geleistete Zahlung nicht für alle Zahlungen aus, so kann der Käufer dem Verkäufer zum Zeitpunkt der Zahlung mitteilen, welche Verpflichtung durch die Zahlung erfüllt werden soll.

2. Unterlässt der Käufer die Mitteilung nach Absatz 1, kann der Verkäufer die Zahlung auf eine der Verpflichtungen anrechnen; er teilt dies dem Käufer innerhalb einer angemessenen Frist mit.

3. Eine Anrechnung nach Absatz 2 ist unwirksam, wenn sie sich auf eine Verpflichtung bezieht, die noch nicht fällig oder bestritten ist.

4. Hat keine der Parteien eine wirksame Anrechnung vorgenommen, wird die Zahlung auf die Verpflichtung angerechnet, die eines der folgenden Kriterien in nachstehender Reihenfolge erfüllt:

(a) die Verpflichtung, die fällig ist oder als erste fällig wird;
(b) die Verpflichtung, für die der Verkäufer keine oder die geringste Sicherheit hat;
(c) die Verpflichtung, die den Käufer am meisten belastet;
(d) die Verpflichtung, die als erste entstanden ist.

Findet keines dieser Kriterien Anwendung, wird die Zahlung anteilmäßig auf alle Verpflichtungen angerechnet.

5. Die Zahlung kann nach Absatz 2, 3 oder 4 nur dann auf eine verjährte und deshalb nicht vollstreckbare Verpflichtung angerechnet werden, wenn es keine andere Verpflichtung gibt, auf die die Zahlung nach diesen Absätzen angerechnet werden könnte.

6. Bei jedweder Verpflichtung wird die Zahlung durch den Käufer zuerst auf die Kosten, dann auf die Zinsen und schließlich auf die Hauptforderung angerechnet, es sei denn, der Verkäufer nimmt eine andere Anrechnung vor.

Abschnitt 3. Annahme der Lieferung

Art. 129 Annahme der Lieferung. Der Käufer erfüllt seine Verpflichtung zur Annahme der Lieferung durch

(a) Vornahme aller Handlungen, die erwartet werden können, um dem Verkäufer die Erfüllung der Lieferverpflichtung zu ermöglichen, und
(b) Übernahme der Waren oder digitalen Inhalte oder der diese vertretenden Dokumente entsprechend den Anforderungen des Vertrages.

Art. 130 Vorzeitige Lieferung und Lieferung einer falschen Menge.

1. Liefert der Verkäufer die Waren oder digitalen Inhalte vor dem festgesetzten Liefertermin, muss der Käufer die Lieferung annehmen, es sei denn, der Käufer hat ein berechtigtes Interesse, die Annahme zu verweigern.

2. Liefert der Verkäufer eine geringere als die im Vertrag vereinbarte Menge, muss der Käufer die Lieferung annehmen, es sei denn, der Käufer hat ein berechtigtes Interesse, die Annahme zu verweigern.

3. Liefert der Verkäufer eine größere als die im Vertrag vereinbarte Menge, kann der Käufer die zuviel gelieferte Menge behalten oder zurückweisen.

4. Behält der Käufer die zuviel gelieferte Menge, so wird diese als vertragliche Lieferung behandelt und muss nach dem vertraglich vereinbarten Preis bezahlt werden.

5. Absatz 4 ist nicht auf einen Verbraucherkaufvertrag anzuwenden, wenn der Käufer Grund zu der Annahme hat, dass der Verkäufer vorsätzlich und ohne Irrtum eine größere Menge in dem Wissen geliefert hat, dass diese Menge nicht bestellt worden ist.

6. Dieser Artikel gilt nicht für Verträge über die Bereitstellung digitaler Inhalte, wenn die digitalen Inhalte nicht gegen Zahlung eines Preises bereitgestellt werden.

Kapitel 13. Abhilfen des Verkäufers

Abschnitt 1. Allgemeine Bestimmungen

Art. 131 Übersicht über die Abhilfen des Verkäufers. 1. Hat der Käufer eine Verpflichtung nicht erfüllt, kann der Verkäufer

(a) die Erfüllung gemäß Abschnitt 2 verlangen,

(b) seine eigene Leistung gemäß Abschnitt 3 zurückhalten,

(c) gemäß Abschnitt 4 den Vertrag beenden und

(d) gemäß Kapitel 16 Zinsen auf den Preis oder Schadensersatz verlangen.

2. Ist die Nichterfüllung des Käufers entschuldigt, kann der Verkäufer von den in Absatz 1 genannten Abhilfen Gebrauch machen mit Ausnahme der Forderung nach Erfüllung und Schadensersatz.

3. Der Verkäufer kann von den in Absatz 1 genannten Abhilfen nicht Gebrauch machen, soweit er die Nichterfüllung des Käufers verursacht hat.

4. Abhilfen, die miteinander vereinbar sind, können nebeneinander geltend gemacht werden.

Abschnitt 2. Forderung nach Erfüllung

Art. 132 Forderung nach Erfüllung der Verpflichtungen des Käufers.

1. Der Verkäufer ist berechtigt, die Zahlung des Preises, wenn diese fällig ist, sowie die Erfüllung aller sonstigen Verpflichtungen des Käufers zu verlangen.

2. Hat der Käufer die Waren oder digitalen Inhalte noch nicht übernommen und ist er offensichtlich nicht bereit, die Leistung entgegenzunehmen, kann der Verkäufer vom Käufer gleichwohl verlangen, die Lieferung anzunehmen, und die Zahlung des Preises verlangen, es sei denn, der Verkäufer hätte ohne nennenswerten finanziellen oder sonstigen Aufwand ein angemessenes Deckungsgeschäft abschließen können.

Abschnitt 3. Zurückhaltung der Leistung durch den Verkäufer

Art. 133 Recht auf Zurückhaltung der Leistung. 1. Ein Verkäufer, der gleichzeitig mit oder nach der Leistung des Käufers erfüllen muss, hat das Recht, seine Leistung zurückzuhalten, bis der Käufer seine Leistung angeboten oder erbracht hat.

2. [1] Ein Verkäufer, der vor der Leistung des Käufers erfüllen muss und Grund zu der Annahme hat, dass der Käufer nicht erfüllen wird, wenn dessen Leistung fällig wird, kann die eigene Leistung so lange zurückhalten, wie diese Annahme fortbesteht. [2] Das Recht auf Zurückhaltung der Leistung erlischt

aber, wenn der Käufer eine angemessene Gewähr für die ordnungsgemäße Leistung bietet oder eine angemessene Sicherheit leistet.

3. [1] Die Leistung, die nach diesem Artikel zurückgehalten werden kann, umfasst die ganze oder einen Teil der Leistung, soweit dies durch die Nichterfüllung gerechtfertigt ist. [2] Sind die Verpflichtungen des Käufers in selbstständigen Teilleistungen zu erfüllen oder auf andere Weise teilbar, kann der Verkäufer seine Leistung nur hinsichtlich der nichterfüllten Teilleistung des Käufers zurückhalten, es sei denn, die Nichterfüllung durch den Käufer rechtfertigt die Zurückhaltung der gesamten Leistung des Verkäufers.

Abschnitt 4. Beendigung des Vertrags

Art. 134 Beendigung wegen wesentlicher Nichterfüllung. Der Verkäufer kann im Sinne von Artikel 8 den Vertrag beenden, wenn die Nichterfüllung durch den Käufer im Rahmen des Vertrags wesentlich im Sinne von Artikel 87 Absatz 2 ist.

Art. 135 Beendigung wegen Verspätung nach Setzen einer Nachfrist für die Erfüllung. 1. Der Verkäufer kann im Fall einer verspäteten Erfüllung, die nicht als solche als wesentlich anzusehen ist, den Vertrag beenden, wenn er dem Käufer in einer Mitteilung eine angemessene Nachfrist zur Erfüllung setzt und der Käufer nicht innerhalb dieser Frist erfüllt.

2. [1] Die Frist gilt als angemessen, wenn der Käufer ihr nicht unverzüglich widerspricht. [2] Im Verhältnis zwischen einem Unternehmer und einem Verbraucher darf die Nachfrist nicht vor Ablauf von 30 Tagen gemäß Artikel 167 Absatz 2 enden.

3. Bestimmt die Mitteilung, dass ohne Weiteres Beendigung eintreten soll, wenn der Käufer nicht innerhalb der in der Mitteilung gesetzten Frist erfüllt, wird die Beendigung nach Ablauf dieser Frist ohne weitere Mitteilung wirksam.

4. In einem Verbraucherkaufvertrag dürfen die Parteien die Anwendung dieses Artikels nicht zum Nachteil des Verbrauchers ausschließen, davon abweichen oder seine Wirkungen abändern.

Art. 136 Beendigung wegen voraussichtlicher Nichterfüllung. Der Verkäufer kann den Vertrag beenden, bevor die Erfüllung fällig wird, wenn der Käufer erklärt hat oder anderweitig offensichtlich ist, dass Nichterfüllung eintreten wird, und wenn die Nichterfüllung wesentlich wäre.

Art. 137 Umfang des Beendigungsrechts. 1. Sind die vertraglichen Verpflichtungen des Käufers in selbstständigen Teilleistungen zu erfüllen oder auf andere Weise teilbar, so kann der Verkäufer, wenn für einen Teil, dem ein Preis zugeordnet werden kann, ein Beendigungsgrund nach diesem Abschnitt besteht, den Vertrag nur in Bezug auf diesen Teil beenden.

2. Absatz 1 findet keine Anwendung, wenn in Bezug auf den Vertrag insgesamt eine wesentliche Nichterfüllung vorliegt.

3. Sind die vertraglichen Verpflichtungen des Käufers nicht in selbstständigen Teilleistungen zu erfüllen, kann der Verkäufer den Vertrag nur dann beenden, wenn in Bezug auf den Vertrag insgesamt eine wesentliche Nichterfüllung vorliegt.

Art. 138 Mitteilung über die Vertragsbeendigung. Das Recht auf Vertragsbeendigung nach diesem Abschnitt wird durch Mitteilung an den Käufer ausgeübt.

Art. 139 Verlust des Rechts auf Vertragsbeendigung. 1. Wurde die Leistung zu spät angeboten oder ist die angebotene Leistung aus anderem Grund nicht vertragsgemäß, verliert der Verkäufer sein Recht auf Vertragsbeendigung nach diesem Abschnitt, es sei denn, er teilt die Beendigung des Vertrags innerhalb einer angemessenen Frist mit, nachdem er von dem Angebot der Leistung oder ihrer Vertragswidrigkeit Kenntnis erlangt hat oder hätte erlangen müssen.

2. Der Verkäufer verliert sein Recht auf Vertragsbeendigung durch Mitteilung nach Artikel 136, wenn er die Vertragsbeendigung nicht innerhalb einer angemessenen Frist ab Entstehung des Rechts mitteilt.

3. Hat der Käufer den Preis nicht gezahlt oder liegt seinerseits eine sonstige wesentliche Nichterfüllung vor, behält der Verkäufer sein Recht auf Vertragsbeendigung.

Kapitel 14. Gefahrübergang

Abschnitt 1. Allgemeine Bestimmungen

Art. 140 Wirkung des Gefahrübergangs. Untergang oder Beschädigung der Waren oder digitalen Inhalte nach Übergang der Gefahr auf den Käufer befreien den Käufer nicht von der Verpflichtung, den Preis zu zahlen, es sei denn, der Untergang oder die Beschädigung beruht auf einer Handlung oder Unterlassung des Verkäufers.

Art. 141 Zuordnung der Waren oder digitalen Inhalte zum Vertrag. Die Gefahr geht erst dann auf den Käufer über, wenn die Waren oder digitalen Inhalte entweder durch die ursprüngliche Vereinbarung, durch Mitteilung an den Käufer oder auf andere Weise eindeutig als diejenigen identifiziert sind, die nach dem Vertrag geliefert werden müssen.

Abschnitt 2. Gefahrübergang bei einem Verbraucherkaufvertrag

Art. 142 Gefahrübergang bei einem Verbraucherkaufvertrag. 1. Bei einem Verbraucherkaufvertrag geht die Gefahr zu dem Zeitpunkt über, zu dem der Verbraucher oder ein von ihm bezeichneter Dritter mit Ausnahme des Beförderers Besitz an den Waren oder dem materiellen Datenträger, auf dem die digitalen Inhalte bereitgestellt werden, erlangt hat.

2. Bei einem Vertrag über die Bereitstellung digitaler Inhalte ohne materiellen Datenträger geht die Gefahr zu dem Zeitpunkt über, zu dem der Verbraucher oder ein von ihm hierzu bezeichneter Dritter die Kontrolle über die digitalen Inhalte erlangt hat.

3. [1] Ausgenommen bei Fernabsatzverträgen und bei außerhalb von Geschäftsräumen geschlossenen Verträgen finden die Absätze 1 und 2 keine Anwendung, wenn der Verbraucher seine Verpflichtung zur Übernahme der Waren oder digitalen Inhalte nicht erfüllt und die Nichterfüllung nicht gemäß Artikel 88 entschuldigt ist. [2] In diesem Fall geht die Gefahr zu dem Zeitpunkt über, zu dem der Verbraucher oder der von ihm bezeichnete Dritte Besitz an

den Waren oder Kontrolle über die digitalen Inhalte erlangt hätte, wenn die Verpflichtung zur Übernahme der Waren oder digitalen Inhalte erfüllt worden wäre.

4. Hat der Verbraucher die Beförderung der Waren oder der auf einem materiellen Datenträger bereitgestellten digitalen Inhalte selbst veranlasst, ohne dass der Unternehmer diese Möglichkeit angeboten hat, geht die Gefahr zu dem Zeitpunkt über, zu dem die Waren oder die auf einem materiellen Datenträger bereitgestellten digitalen Inhalte dem Beförderer übergeben werden; die Rechte des Verbrauchers gegen den Beförderer bleiben hiervon unberührt.

5. Die Parteien dürfen die Anwendung dieses Artikels nicht zum Nachteil des Verbrauchers ausschließen, davon abweichen oder dessen Wirkungen abändern.

Abschnitt 3. Gefahrübergang bei einem Vertrag zwischen Unternehmern

Art. 143 Zeitpunkt des Gefahrübergangs. 1. Bei einem Vertrag zwischen Unternehmern geht die Gefahr zu dem Zeitpunkt über, zu dem der Käufer die Waren oder digitalen Inhalte oder die diese vertretenden Dokumente angenommen hat.

2. Absatz 1 gilt vorbehaltlich der Artikel 144, 145 und 146.

Art. 144 Dem Käufer zu seiner Verfügung bereitgestellte Waren.

1. Sind die Waren oder digitalen Inhalte dem Käufer zu seiner Verfügung bereitgestellt worden und ist dem Käufer dies bekannt, geht die Gefahr zu dem Zeitpunkt auf den Käufer über, zu dem die Waren oder digitalen Inhalte hätten übernommen werden müssen, es sei denn, der Käufer war berechtigt, die Annahme der Lieferung gemäß Artikel 113 zurückzuhalten.

2. Sind die Waren oder digitalen Inhalte dem Käufer an einem anderen Ort als einem Geschäftssitz des Verkäufers zu seiner Verfügung bereitgestellt worden, geht die Gefahr zu dem Zeitpunkt über, zu dem die Lieferung fällig ist und der Käufer Kenntnis davon erhält, dass ihm die Waren oder digitalen Inhalte an diesem Ort zu seiner Verfügung bereitgestellt worden sind.

Art. 145 Beförderung der Waren. 1. Dieser Artikel gilt für Kaufverträge, die eine Beförderung der Waren einschließen.

2. Ist der Verkäufer nicht verpflichtet, die Waren an einem bestimmten Ort zu übergeben, geht die Gefahr zu dem Zeitpunkt auf den Käufer über, zu dem die Waren vertragsgemäß dem ersten Beförderer zur Versendung an den Käufer übergeben worden sind.

3. Hat der Verkäufer dem Beförderer die Waren an einem bestimmten Ort zu übergeben, geht die Gefahr erst zu dem Zeitpunkt auf den Käufer über, zu dem die Waren dem Beförderer an diesem Ort übergeben worden sind.

4. Der Umstand, dass der Verkäufer befugt ist, Dokumente, die zur Verfügung über die Waren berechtigen, zurückzuhalten, hat keine Auswirkungen auf den Gefahrübergang.

Art. 146 Während der Beförderung verkaufte Waren. 1. Dieser Artikel gilt für Kaufverträge, die während der Beförderung verkaufte Waren einschließen.

2. [1] Die Gefahr geht auf den Käufer über, sobald die Waren dem ersten Beförderer übergeben worden sind. [2] Wenn es sich jedoch aus den Umständen so ergibt, geht die Gefahr zum Zeitpunkt des Vertragsschlusses auf den Käufer über.

3. Wenn der Verkäufer bei Vertragsschluss wusste oder hätte wissen müssen, dass die Waren untergegangen oder beschädigt sind, und er dies dem Käufer nicht offen gelegt hat, geht der Untergang oder die Beschädigung zu Lasten des Verkäufers.

Teil V. Verpflichtungen und Abhilfen der Parteien bei einem Vertrag über verbundene Dienstleistungen

Kapitel 15. Verpflichtungen und Abhilfen der Parteien

Abschnitt 1. Anwendung bestimmter allgemeiner Vorschriften für Kaufverträge

Art. 147 Anwendung bestimmter allgemeiner Vorschriften für Kaufverträge. 1. Auf diesen Teil finden die Vorschriften von Kapitel 9 Anwendung.

2. Mit der Beendigung eines Kaufvertrags oder eines Vertrags über die Bereitstellung digitaler Inhalte endet auch der Vertrag über verbundene Dienstleistungen.

Abschnitt 2. Verpflichtungen des Dienstleisters

Art. 148 Verpflichtung zur Herbeiführung eines Erfolgs sowie zu sorgfältigem und fachkundigem Vorgehen. 1. Der Dienstleister ist verpflichtet, jedweden vertraglich geschuldeten Erfolg herbeizuführen.

2. In Ermangelung einer ausdrücklichen oder stillschweigenden vertraglichen Verpflichtung zur Herbeiführung eines bestimmten Erfolgs hat der Dienstleister die verbundene Dienstleistung mit der Sorgfalt und Fachkunde zu erbringen, die ein vernünftig handelnder Dienstleister in Übereinstimmung mit etwaigen für die betreffende verbundene Dienstleistung geltenden gesetzlichen oder sonstigen verbindlichen Rechtsvorschriften anwenden würde.

3. Bei der Bestimmung der vom Dienstleister vernünftigerweise zu erwartenden Sorgfalt und Fachkunde sind unter anderem zu berücksichtigen:

(a) Art, Ausmaß, Häufigkeit und Vorhersehbarkeit der mit der Erbringung der verbundenen Dienstleistung verbundenen Gefahren für den Verbraucher,

(b) im Schadensfall die Kosten für Vorkehrungen, mit denen sich der eingetretene oder ein ähnlicher Schaden hätte verhindern lassen, und

(c) die für die Erbringung der verbundenen Dienstleistung zur Verfügung stehende Zeit.

4. Beinhaltet die in einem Vertrag zwischen einem Unternehmer und einem Verbraucher vereinbarte verbundene Dienstleistung die Montage der

Ware, muss die Montage gemäß Artikel 101 dergestalt erfolgen, das die montierte Ware vertragsgemäß ist.

5. Im Verhältnis zwischen einem Unternehmer und einem Verbraucher dürfen die Parteien die Anwendung des Absatzes 2 nicht zum Nachteil des Verbrauchers ausschließen, davon abweichen oder dessen Wirkungen abändern.

Art. 149 Verpflichtung zur Schadensverhütung. Der Dienstleister muss angemessene Vorkehrungen treffen, damit die Waren oder digitalen Inhalte nicht beschädigt werden und damit bei der Erbringung der verbundenen Dienstleistung oder als Folge davon keine Körperverletzung und kein sonstiger Verlust oder Schaden entstehen.

Art. 150 Erfüllung durch einen Dritten. 1. Der Dienstleister kann eine andere Person mit der Erfüllung betrauen, sofern keine persönliche Erfüllung durch den Dienstleister erforderlich ist.

2. Der Dienstleister, der eine andere Person mit der Erfüllung betraut, bleibt für die Erfüllung verantwortlich.

3. Im Verhältnis zwischen einem Unternehmer und einem Verbraucher dürfen die Parteien die Anwendung des Absatzes 2 nicht zum Nachteil des Verbrauchers ausschließen, davon abweichen oder dessen Wirkungen abändern.

Art. 151 Verpflichtung zur Rechnungsstellung. Ist die verbundene Dienstleistung gesondert zu vergüten und besteht der Preis der verbundenen Dienstleistung nicht in einem bei Vertragsschluss vereinbarten Pauschalbetrag, muss der Dienstleister dem Kunden eine Rechnung stellen, aus der klar und nachvollziehbar hervorgeht, wie der Rechnungsbetrag zustande kam.

Art. 152 Verpflichtung zur Ankündigung unvorhergesehener oder unverhältnismäßig hoher Kosten. 1. Der Dienstleister muss den Kunden benachrichtigen und dessen Zustimmung zur weiteren Leistungserbringung einholen, wenn

(a) die Kosten der verbundenen Dienstleistung die vom ihm bis dahin dem Kunden genannten Kosten übersteigen oder

(b) die verbundene Dienstleistung nach ihrer Erbringung den Wert der Waren oder digitalen Inhalte übersteigen würde, soweit der Dienstleister dies absehen kann.

2. Versäumt es der Dienstleister, gemäß Absatz 1 die Zustimmung des Kunden einzuholen, darf er keinen Preis in Rechnung stellen, der die bis dahin angegebenen Kosten beziehungsweise den Wert der Waren oder digitalen Inhalte nach Erbringung der verbundenen Dienstleistung übersteigt.

Abschnitt 3. Verpflichtungen des Kunden

Art. 153 Zahlung des Preises. 1. Der Kunde hat den für die verbundene Dienstleistung nach dem Vertrag geschuldeten Preis zu entrichten.

2. Die Zahlung wird fällig, nachdem die verbundene Dienstleistung vollständig erbracht ist und der Kunde über den Gegenstand der verbundenen Dienstleistung verfügen kann.

Art. 154 Zugangsverschaffung. Muss der Dienstleister, um die verbundene Dienstleistung erbringen zu können, Zugang zu den Räumlichkeiten des Kunden erhalten, ist der Kunde verpflichtet, ihm diesen Zugang zu angemessenen Zeiten zu verschaffen.

Abschnitt 4. Abhilfen

Art. 155 Abhilfen des Kunden. 1. Bei Nichterfüllung einer dem Dienstleister obliegenden Verpflichtung verfügt der Kunde über dieselben Abhilfen mit den entsprechenden nachstehend dargelegten Anpassungen, die dem Käufer gemäß Kapitel 11 zustehen, das heißt, der Kunde kann

(a) die Erfüllung der betreffenden Verpflichtung verlangen,

(b) seine eigene Erfüllung zurückhalten,

(c) den Vertrag beenden,

(d) den Preis mindern und

(e) Schadensersatz verlangen.

2. Unbeschadet des Absatzes 3 gelten die dem Kunden zustehenden Abhilfen vorbehaltlich des Rechts des Dienstleisters auf Heilung, gleich, ob es sich bei dem Kunden um einen Verbraucher handelt oder nicht.

3. Bei unsachgemäßer Montage oder Installierung im Sinne von Artikel 101 im Rahmen eines Verbraucherkaufvertrags unterliegen die Abhilfen des Verbrauchers nicht dem Vorbehalt der Heilung durch den Dienstleister.

4. Ist der Kunde ein Verbraucher, kann er bei vertragswidriger Erbringung einer verbundenen Dienstleistung den Vertrag beenden, es sei denn, die Vertragswidrigkeit ist unerheblich.

5. Kapitel 11 gilt mit folgenden Anpassungen:

(a) Bei Verträgen zwischen einem Unternehmer und einem Verbraucher darf die angemessene Frist gemäß Artikel 109 Absatz 5, während der dem Dienstleister ein Recht auf Heilung zusteht, 30 Tage nicht überschreiten.

(b) Wird einer nicht vertragsgemäßen Erfüllung abgeholfen, finden die Artikel 111 und 112 keine Anwendung.

(c) Statt Artikel 122 gilt Artikel 156.

Art. 156 Mitteilungspflicht bei Vertragswidrigkeit im Falle von Verträgen über verbundene Dienstleistungen zwischen Unternehmern.

1. Bei einem Vertrag über verbundene Dienstleistungen zwischen Unternehmern kann sich der Kunde nur dann auf die Vertragswidrigkeit berufen, wenn er dem Dienstleister innerhalb einer angemessenen Frist mitteilt, inwieweit Vertragswidrigkeit vorliegt.

Die Frist beginnt ab dem Zeitpunkt, zu dem die verbundene Dienstleistung vollständig erbracht wurde oder der Kunde die Vertragswidrigkeit feststellt oder hätte feststellen müssen, je nachdem, welches Ereignis später eingetreten ist.

2. Der Dienstleister ist nicht berechtigt, sich auf diesen Artikel zu berufen, wenn die Vertragswidrigkeit auf Tatsachen beruht, die er kannte oder hätte kennen müssen und die er dem Kunden nicht offengelegt hat.

Art. 157 Abhilfen des Dienstleisters. 1. Bei Nichterfüllung durch den Kunden verfügt der Dienstleister über dieselben Abhilfen mit den entsprechenden in Absatz 2 dargelegten Anpassungen, die dem Verkäufer gemäß Kapitel 13 zustehen, das heißt, der Dienstleister kann

(a) Erfüllung verlangen,

(b) seine eigene Erfüllung zurückhalten,

(c) den Vertrag beenden und

(d) Zinsen auf den Preis oder Schadensersatz verlangen.

2. [1] Kapitel 13 gilt mit den erforderlichen Anpassungen. [2] Insbesondere gilt Artikel 158 statt Artikel 132 Absatz 2.

Art. 158 Recht des Kunden auf Ablehnung der Leistung. 1. Der Kunde kann dem Dienstleister jederzeit mitteilen, dass die Erbringung oder die weitere Erbringung der verbundenen Dienstleistung nicht länger benötigt wird.

2. Erfolgt eine Mitteilung gemäß Absatz 1,

(a) hat der Dienstleister nicht länger das Recht noch die Verpflichtung, die verbundene Dienstleistung zu erbringen, und

(b) ist der Kunde, sofern kein Grund für eine Beendigung des Vertrags aufgrund einer anderen Vorschrift vorliegt, zur Zahlung des Preises verpflichtet abzüglich der Einsparungen, die der Dienstleister infolge der Nichterfüllung beziehungsweise unvollständigen Erfüllung gemacht hat oder hätte machen können.

3. Im Verhältnis zwischen einem Unternehmer und einem Verbraucher dürfen die Parteien die Anwendung dieses Artikels nicht zum Nachteil des Verbrauchers ausschließen, davon abweichen oder dessen Wirkungen abändern.

Teil VI. Schadensersatz und Zinsen

Kapitel 16. Schadensersatz und Zinsen

Abschnitt 1. Schadensersatz

Art. 159 Recht auf Schadensersatz. 1. Der Gläubiger ist zum Schadensersatz für den ihm durch Nichterfüllung einer Verpflichtung des Schuldners entstandenen Verlust berechtigt, es sei denn, die Nichterfüllung ist entschuldigt.

2. Der Verlust, für den Schadensersatz verlangt werden kann, schließt künftige Verluste mit ein, mit deren Eintritt der Schuldner rechnen konnte.

Art. 160 Bemessungsgrundlage. [1] Grundlage für die Bemessung des Schadensersatzes für den infolge Nichterfüllung einer Verpflichtung entstandenen Verlust bildet der Betrag, der den Gläubiger in die Lage versetzt, in der er sich befunden hätte, wenn die Verpflichtung ordnungsgemäß erfüllt worden wäre, oder wenn dies nicht möglich ist, der Betrag, der den Gläubiger so weit wie möglich in diese Lage versetzt. [2] Der Schadensersatz umfasst sowohl den vom Gläubiger erlittenen Verlust als auch den ihm entgangenen Gewinn.

Art. 161 Voraussehbarkeit eines Verlusts. Der Schuldner haftet nur für den Verlust, den er zu dem Zeitpunkt, als der Vertrag geschlossen wurde, als Folge der Nichterfüllung vorausgesehen hat oder hätte voraussehen können.

Art. 162 Dem Gläubiger zurechenbarer Verlust. Der Schuldner haftet nicht für den vom Gläubiger erlittenen Verlust, soweit der Gläubiger zu der Nichterfüllung oder deren Folgen beigetragen hat.

Art. 163 Minderung des Verlustes. 1. Der Schuldner haftet nicht für den vom Gläubiger erlittenen Verlust, soweit der Gläubiger den Verlust durch angemessene Maßnahmen hätte mindern können.

2. Der Gläubiger hat Anspruch auf Ersatz aller angemessenen Aufwendungen, die ihm bei dem Versuch der Minderung des Verlusts entstanden sind.

Art. 164 Deckungsgeschäft. Hat der Gläubiger einen Vertrag ganz oder teilweise beendet und hat er innerhalb einer angemessenen Frist und in angemessener Weise ein Deckungsgeschäft vorgenommen, so kann er, soweit er zum Schadensersatz berechtigt ist, die Differenz zwischen dem Betrag, der aufgrund des beendeten Vertrags zu zahlen gewesen wäre, und dem für das Deckungsgeschäft zu zahlenden Betrag sowie Ersatz jedes weiteren Verlusts verlangen.

Art. 165 Marktpreis. Hat der Gläubiger einen Vertrag ganz oder teilweise beendet, ohne ein Deckungsgeschäft vorzunehmen, so kann er, soweit er zum Schadensersatz berechtigt ist und es einen Marktpreis für die Leistung gibt, die Differenz zwischen dem im Vertrag vereinbarten Preis und dem Marktpreis zum Zeitpunkt der Vertragsbeendigung sowie Ersatz jedes weiteren Verlusts verlangen.

Abschnitt 2. Verzugszinsen: Allgemeine Bestimmungen

Art. 166 Verzugszinsen. 1. Erfolgt die Zahlung einer Geldsumme verspätet, hat der Gläubiger vom Zeitpunkt der Fälligkeit bis zum Zeitpunkt der Zahlung, ohne dass es einer vorherigen Mitteilung bedarf, Anspruch auf Verzugszinsen für diesen Betrag in Höhe des in Absatz 2 angegebenen Zinssatzes.

2. Für Verzugszinsen gilt folgender Zinssatz:

(a) Hat der Gläubiger seinen gewöhnlichen Aufenthalt in einem Mitgliedstaat, dessen Währung der Euro ist, oder in einem Drittstaat, gilt der Zinssatz, den die Europäische Zentralbank auf ihr letztes vor dem ersten Kalendertag des betreffenden Halbjahrs durchgeführtes Hauptrefinanzierungsgeschäft angewandt hat, oder der marginale Zinssatz, der sich aus Tenderverfahren mit variablem Zinssatz für die jüngsten Hauptrefinanzierungsgeschäfte der Europäischen Zentralbank ergibt, zuzüglich zwei Prozentpunkten.

(b) Hat der Gläubiger seinen gewöhnlichen Aufenthalt in einem Mitgliedstaat, dessen Währung nicht der Euro ist, gilt der entsprechende Zinssatz der Zentralbank dieses Mitgliedstaats, zuzüglich zwei Prozentpunkten.

3. Der Gläubiger kann Schadensersatz für alle weiteren Verluste verlangen.

Art. 167 Zinsen im Falle eines im Verzug befindlichen Verbrauchers.

1. Ist der Schuldner ein Verbraucher, werden Verzugszinsen zu dem in Artikel 166 genannten Satz nur dann fällig, wenn die Nichterfüllung nicht entschuldig ist.

2. [1] Die Verzinsung beginnt erst nach Ablauf von 30 Tagen, nachdem der Gläubiger den Schuldner in einer Mitteilung auf die Pflicht zur Zahlung von Zinsen und deren Höhe hingewiesen hat. [2] Die Mitteilung kann erfolgen, bevor die Zahlung fällig wird.

3. Eine Vertragsklausel, die einen höheren Zinssatz vorsieht als in Artikel 166 angegeben oder eine frühere Entstehung als in Absatz 2 dieses Artikels genannt, ist nicht verbindlich, soweit eine solche Klausel unfair im Sinne von Artikel 83 wäre.

4. Verzugszinsen dürfen nicht der Hauptforderung zugeschlagen werden, um Zinsen zu erzeugen.

5. Die Parteien dürfen die Anwendung dieses Artikels nicht zum Nachteil des Verbrauchers ausschließen, davon abweichen oder dessen Wirkungen abändern.

Abschnitt 3. Zahlungsverzug durch Unternehmer

Art. 168 Zinssatz und Entstehung. 1. Verzögert ein Unternehmer die Zahlung eines vertraglich vereinbarten Preises für die Lieferung von Waren, die Bereitstellung digitaler Inhalte oder die Erbringung verbundener Dienstleistungen, ohne im Sinne von Artikel 88 entschuldigt zu sein, fallen Zinsen in Höhe des in Absatz 5 geregelten Zinssatzes an.

2. [1] Die Verzinsung zu dem in Absatz 5 genannten Zinssatz beginnt mit dem Tag, der auf den vertraglich festgelegten Zahlungstermin oder das vertraglich festgelegte Ende der Zahlungsfrist folgt. [2] Ist ein solcher Termin oder eine solche Frist nicht bestimmt, beginnt die Verzinsung

(a) 30 Tage nach Eingang der Rechnung oder einer gleichwertigen Zahlungsaufforderung beim Schuldner oder

(b) 30 Tage nach Empfang der Waren, digitalen Inhalte oder verbundenen Dienstleistungen, wenn der unter Buchstabe a genannte Zeitpunkt zeitlich davor liegt oder nicht eindeutig ist oder wenn nicht sicher ist, ob der Schuldner eine Rechnung oder eine gleichwertige Zahlungsaufforderung erhalten hat.

3. [1] Ist ein Abnahme- oder Überprüfungsverfahren vorgesehen, durch das die Vertragsmäßigkeit der Waren, digitalen Inhalte oder verbundenen Dienstleistungen festgestellt werden soll, beginnt die in Absatz 2 Buchstabe b genannte Frist von 30 Tagen mit dem Tag der Abnahme oder dem Tag, an dem die Überprüfung abgeschlossen ist. [2] Die Überprüfung darf sich über höchstens 30 Tage ab dem Zeitpunkt der Lieferung der Waren, der Bereitstellung der digitalen Inhalte oder der Erbringung der verbundenen Dienstleistungen

erstrecken, es sei denn, die Parteien haben ausdrücklich etwas anderes vereinbart und diese Vereinbarung ist nicht unfair im Sinne von Artikel 170.

4. Die Zahlungsfrist gemäß Absatz 2 darf 60 Tage nicht überschreiten, es sei denn, die Parteien haben ausdrücklich etwas anderes vereinbart und diese Vereinbarung ist nicht unfair im Sinne von Artikel 170.

5. Für Verzugszinsen gilt folgender Zinssatz:

(a) Hat der Gläubiger seinen gewöhnlichen Aufenthalt in einem Mitgliedstaat, dessen Währung der Euro ist, oder in einem Drittstaat, gilt der Zinssatz, den die Europäische Zentralbank auf ihr letztes vor dem ersten Kalendertag des betreffenden Halbjahrs durchgeführtes Hauptrefinanzierungsgeschäft angewandt hat, oder der marginale Zinssatz, der sich aus Tenderverfahren mit variablem Zinssatz für die jüngsten Hauptrefinanzierungsgeschäfte der Europäischen Zentralbank ergibt, zuzüglich acht Prozentpunkten.

(b) Hat der Gläubiger seinen gewöhnlichen Aufenthalt in einem Mitgliedstaat, dessen Währung nicht der Euro ist, gilt der entsprechende Zinssatz der Zentralbank dieses Mitgliedstaats, zuzüglich acht Prozentpunkten.

6. Der Gläubiger kann Schadensersatz für alle weiteren Verluste verlangen.

Art. 169 Entschädigung für Beitreibungskosten. 1. Fallen gemäß Artikel 168 Verzugszinsen an, hat der Gläubiger als Entschädigung für die Beitreibungskosten gegenüber dem Schuldner einen Anspruch auf Zahlung eines Pauschalbetrags von mindestens 40 EUR oder des entsprechenden Betrags in der Währung, in der die Zahlung des Vertragspreises zu erfolgen hat.

2. Der Gläubiger hat gegenüber dem Schuldner einen Anspruch auf angemessenen Ersatz etwaiger durch den Zahlungsverzug des Schuldners bedingter Beitreibungskosten, die den Pauschalbetrag gemäß Absatz 1 überschreiten.

Art. 170 Unfaire Vertragsbestimmungen im Zusammenhang mit Verzugszinsen. 1. [1] Eine den Zahlungstermin oder die Zahlungsfrist, den für Verzugszinsen geltenden Zinssatz oder die Entschädigung für Beitreibungskosten betreffende Vertragsbestimmung ist nicht bindend, soweit sie unfair ist. [2] Eine Vertragsbestimmung ist unfair, wenn sie unter Berücksichtigung des gesamten Sachverhalts einschließlich der Art der Waren, digitalen Inhalte oder der verbundenen Dienstleistungen unter Verstoß gegen das Gebot von Treu und Glauben und des redlichen Geschäftsverkehrs gröblich von der guten Handelspraxis abweicht.

2. Für die Zwecke von Absatz 1 gilt eine Vertragsbestimmung, die eine für den Gläubiger in Bezug auf den Zahlungstermin, die Zahlungsfrist oder den Zinssatz weniger günstige Regelung enthält als die in Artikel 167 oder 168, oder die eine niedrigere als in Artikel 169 genannte Entschädigung für Beitreibungskosten vorsieht, als unfair.

3. Eine Vertragsbestimmung, mit der Verzugszinsen oder eine Entschädigung für Beitreibungskosten ausgeschlossen werden, ist per se unfair.

Art. 171 Zwingender Charakter der Vorschriften. Die Parteien dürfen die Anwendung dieses Abschnitts weder ausschließen noch davon abweichen noch dessen Wirkungen abändern.

Teil VII. Rückabwicklung

Kapitel 17. Rückabwicklung

Art. 172 Rückabwicklung bei Anfechtung oder Beendigung des Vertrags. 1. Bei Anfechtung oder Beendigung des Vertrags durch eine Partei ist jede Partei verpflichtet, was sie („Empfänger") von der anderen Partei erlangt hat, zurückzugeben.

2. Die Verpflichtung zur Rückgabe des Erlangten erstreckt sich auf alle daraus gezogenen Sach- und Rechtsfrüchte.

3. Bei Beendigung eines Vertrags, der eine Leistung in Raten oder Teilen vorsieht, brauchen bereits empfangene Raten und Teilleistungen nicht zurückgegeben werden, wenn beide Seiten ihre Verpflichtungen erfüllt haben oder wenn der Preis für bereits erbrachte Leistungen gemäß Artikel 8 Absatz 2 weiterhin zahlbar bleibt, es sei denn, dass aufgrund der Art des Vertrags eine Teilleistung für eine der Parteien keinen Wert besäße.

Art. 173 Zahlung des Geldwerts. 1. [1] Kann das Erlangte einschließlich etwaiger Früchte nicht zurückgegeben werden oder handelt es sich um digitale Inhalte, gleich, ob sie auf einem materiellen Datenträger bereitgestellt wurden oder nicht, muss der Empfänger den Geldwert erstatten. [2] Wäre die Rückgabe zwar möglich, aber mit unverhältnismäßig hohem finanziellem oder sonstigem Aufwand verbunden, so kann sich der Empfänger für die Zahlung des Geldwerts entscheiden, soweit dadurch nicht die Eigentumsrechte der anderen Partei verletzt werden.

2. Der Geldwert einer Ware ist der Wert, den sie zum Zeitpunkt der Fälligkeit der Zahlung des Geldwerts gehabt hätte, wenn sie beim Empfänger verblieben wäre, ohne bis dahin untergegangen oder beschädigt worden zu sein.

3. Wird ein Vertrag über eine verbundene Dienstleistung vom Kunden angefochten oder beendet, nachdem die verbundene Dienstleistung ganz oder teilweise erbracht wurde, ist der Geldwert dessen, was der Kunde erlangt hat, der Betrag, den der Kunde durch den Erhalt der verbundenen Dienstleistung gespart hat.

4. Bei digitalen Inhalten ist der Geldwert des Erlangten der Betrag, den der Verbraucher durch die Nutzung der digitalen Inhalte gespart hat.

5. [1] Hat der Empfänger für die Waren oder digitalen Inhalte Geld- oder Naturalersatz erhalten und war ihm der Grund der Anfechtung oder der Beendigung des Vertrags bekannt oder hätte er ihm bekannt sein müssen, kann die andere Partei wählen, ob sie den Naturalersatz oder den Geldwert des Naturalersatzes zurückfordert. [2] Hat der Empfänger für die Waren oder digitalen Inhalte Geld- oder Naturalersatz erhalten, ohne dass ihm der Grund der Anfechtung oder der Beendigung bekannt war oder hätte bekannt sein müssen, kann er wählen, ob er den Geldwert des Naturalersatzes oder den Naturalersatz zurückgibt.

6. Bei digitalen Inhalten, die nicht gegen Zahlung eines Preises bereitgestellt wurden, erfolgt keine Rückabwicklung.

Art. 174 Vergütung der Nutzung und Verzinsung des erhaltenen Geldbetrags. 1. Ein Empfänger, der eine Ware genutzt hat, muss der anderen Partei den Geldwert dieser Nutzung für den betreffenden Zeitraum zahlen, wenn

(a) er selbst die Anfechtung oder die Beendigung des Vertrags zu vertreten hat,

(b) ihm vor Beginn des Nutzungszeitraums der Anfechtungs- oder Beendigungsgrund bekannt war oder

(c) es aufgrund der Beschaffenheit der Ware, der Art und des Umfangs ihrer Nutzung und der Verfügbarkeit anderer Abhilfen als der Beendigung des Vertrags unbillig wäre, dem Empfänger die unentgeltliche Nutzung der Ware für diesen Zeitraum zu gestatten.

2. Ein Empfänger, der Geld zurückerstatten muss, muss zu dem in Artikel 166 genannten Satz Zinsen zahlen, wenn

(a) die andere Partei verpflichtet ist, für die Nutzung zu zahlen, oder

(b) der Empfänger die Anfechtung des Vertrags wegen arglistiger Täuschung, Drohung und unfairer Ausnutzung zu vertreten hat.

3. Für die Zwecke dieses Kapitels ist ein Empfänger außer in den in den Absätzen 1 und 2 dargelegten Fällen nicht verpflichtet, für die Nutzung einer Ware zu zahlen oder den erhaltenen Geldbetrag zu verzinsen.

Art. 175 Aufwendungsersatz. 1. Hat ein Empfänger im Zusammenhang mit Waren oder digitalen Inhalten Aufwendungen gemacht, hat er Anspruch auf Entschädigung in dem Maße, in dem der anderen Partei dadurch ein Vorteil entstanden ist, vorausgesetzt, die Aufwendungen sind zu einem Zeitpunkt angefallen, als der Empfänger den Grund der Anfechtung oder der Beendigung des Vertrags nicht kannte und auch nicht hätte kennen müssen.

2. Ein Empfänger, der den Grund der Anfechtung oder der Beendigung des Vertrags kannte oder hätte kennen müssen, hat nur insoweit Anspruch auf Entschädigung, als die Aufwendungen im Zusammenhang mit dem Schutz der Waren oder digitalen Inhalte vor Untergang oder Wertverlust angefallen sind, vorausgesetzt, der Empfänger hatte keine Gelegenheit, sich mit der anderen Partei zu beraten.

Art. 176 Mögliche Abweichung nach Billigkeitsgesichtspunkten. Eine nach diesem Kapitel bestehende Rückgabe- oder Rückzahlungsverpflichtung kann geändert werden, wenn deren Erfüllung dem Billigkeitsgrundsatz grob zuwiderlaufen würde, wobei insbesondere zu berücksichtigen ist, ob die Partei den Grund der Anfechtung oder der Beendigung des Vertrags zu vertreten hat oder ihn kannte.

Art. 177 Zwingender Charakter der Vorschriften. Im Verhältnis zwischen einem Unternehmer und einem Verbraucher dürfen die Parteien die Anwendung dieses Kapitels nicht zum Nachteil des Verbrauchers ausschließen, davon abweichen oder dessen Wirkungen abändern.

Teil VIII. Verjährung

Kapitel 18. Verjährung

Abschnitt 1. Allgemeine Bestimmungen

Art. 178 Der Verjährung unterliegende Rechte. Ein Recht, die Erfüllung einer Verpflichtung zu vollstrecken, sowie etwaige Nebenrechte unterliegen der Verjährung durch Ablauf einer Frist nach Maßgabe dieses Kapitels.

Abschnitt 2. Verjährungsfristen und Fristbeginn

Art. 179 Verjährungsfristen. 1. Die kurze Verjährungsfrist beträgt zwei Jahre.

2. Die lange Verjährungsfrist beträgt zehn Jahre beziehungsweise bei Schadensersatzansprüchen wegen Personenschäden dreißig Jahre.

Art. 180 Beginn der Verjährungsfristen. 1. Die kurze Verjährungsfrist beginnt mit dem Zeitpunkt, zu dem der Gläubiger von den das Recht begründenden Umständen Kenntnis erhielt oder hätte Kenntnis erhalten müssen.

2. Die lange Verjährungsfrist beginnt mit dem Zeitpunkt, zu dem der Schuldner leisten muss, beziehungsweise bei einem Recht auf Schadensersatz mit dem Zeitpunkt, zu dem die das Recht begründende Handlung erfolgte.

3. Hat der Schuldner eine fortdauernde Verpflichtung zu einem Tun oder Unterlassen, so erwächst dem Gläubiger aus jeder Nichterfüllung der Verpflichtung ein gesondertes Recht.

Abschnitt 3. Verlängerung der Verjährungsfristen

Art. 181 Hemmung bei gerichtlichen und anderen Verfahren. 1. Beide Verjährungsfristen sind von dem Zeitpunkt an gehemmt, zu dem ein gerichtliches Verfahren zur Durchsetzung des Rechts eingeleitet wird.

2. [1] Die Hemmung dauert an, bis rechtskräftig entschieden worden ist oder der Rechtsstreit anderweitig beigelegt wurde. [2] Endet das Verfahren innerhalb der letzten sechs Monate der Verjährungsfrist ohne Entscheidung in der Sache, endet die Verjährungsfrist nicht vor Ablauf von sechs Monaten nach Beendigung des Verfahrens.

3. Die Absätze 1 und 2 gelten entsprechend auch für Schiedsverfahren, für Mediationsverfahren, für Verfahren, in denen die abschließende Entscheidung über eine Streitfrage zweier Parteien einer dritten Partei überlassen wird, sowie für alle Verfahren, deren Ziel es ist, über das Recht zu befinden oder eine Insolvenz abzuwenden.

4. [1] Mediation bezeichnet unabhängig von ihrer Benennung ein geordnetes Verfahren, in dem zwei oder mehrere Streitparteien mit Hilfe eines Mediators auf freiwilliger Basis selbst versuchen, eine Vereinbarung über die Beilegung ihrer Streitigkeiten zu erzielen. [2] Das Verfahren kann von den Parteien eingeleitet, von einem Gericht angeregt oder angeordnet werden oder nach innerstaatlichem Recht vorgeschrieben sein. [3] Die Mediation endet mit der Eini-

gung der Parteien oder mit einer Erklärung des Mediators oder einer der Parteien.

Art. 182 Ablaufhemmung bei Verhandlungen. Verhandeln die Parteien über das Recht oder über Umstände, die einen Anspruch hinsichtlich des Rechts begründen könnten, so enden beide Verjährungsfristen nicht vor Ablauf eines Jahres, nachdem die letzte Mitteilung im Rahmen der Verhandlungen erfolgt ist oder nachdem eine der Parteien der anderen Partei mitgeteilt hat, dass sie die Verhandlungen nicht fortsetzen möchte.

Art. 183 Ablaufhemmung bei fehlender Geschäftsfähigkeit. Ist eine geschäftsunfähige Person ohne gesetzlichen Vertreter, enden die beiden Verjährungsfristen nicht vor Ablauf eines Jahres, nachdem die Person entweder geschäftsfähig geworden ist oder ein Vertreter bestellt wurde.

Abschnitt 4. Neubeginn der Verjährungsfristen

Art. 184 Neubeginn infolge Anerkenntnis. Erkennt der Schuldner das Recht gegenüber dem Gläubiger durch Teilzahlung, Zahlung von Zinsen, Leistung einer Sicherheit, Aufrechnung oder in anderer Weise an, so beginnt eine neue kurze Verjährungsfrist.

Abschnitt 5. Wirkung der Verjährung

Art. 185 Wirkung der Verjährung. 1. Nach Ablauf der geltenden Verjährungsfrist ist der Schuldner berechtigt, die Erfüllung der betreffenden Verpflichtung zu verweigern, während der Gläubiger alle ihm wegen Nichterfüllung zustehenden Abhilfen verliert mit Ausnahme des Rechts, seine Leistung zurückzuhalten.

2. Was immer der Schuldner in Erfüllung der betreffenden Verpflichtung gezahlt oder übertragen hat, kann nicht allein deshalb zurückgefordert werden, weil die Leistung zu einem Zeitpunkt erbracht wurde, zu dem die Verjährungsfrist abgelaufen war.

3. Die Verjährung eines Rechts auf Zinsen und anderen Nebenrechten tritt spätestens mit der Verjährung des Hauptrechts ein.

Abschnitt 6. Einvernehmliche Änderung

Art. 186 Vereinbarungen über die Verjährung. 1. Die Vorschriften dieses Kapitels können von den Parteien einvernehmlich geändert werden, vor allem durch Verkürzung oder Verlängerung der Verjährungsfristen.

2. Die kurze Verjährungsfrist darf auf höchstens ein Jahr verkürzt und auf höchstens zehn Jahre verlängert werden.

3. Die lange Verjährungsfrist darf auf höchstens ein Jahr verkürzt und auf höchstens dreißig Jahre verlängert werden.

4. Die Parteien dürfen die Anwendung dieses Artikels nicht ausschließen, davon abweichen oder dessen Wirkungen abändern.

5. Bei einem Vertrag zwischen einem Unternehmer und einem Verbraucher darf dieser Artikel nicht zum Nachteil des Verbrauchers angewandt werden.

Anlage 1. Muster-Widerrufsbelehrung

Widerrufsrecht

Sie haben das Recht, diesen Vertrag binnen vierzehn Tagen ohne Angabe von Gründen zu widerrufen.

Die Widerrufsfrist beträgt vierzehn Tage ab dem Tag 1[1].

Um Ihr Widerrufsrecht auszuüben, müssen Sie uns (2) gegenüber unmissverständlich erklären (z.B. per Postbrief, Fax oder E-Mail), dass Sie den Vertrag widerrufen möchten. Sie können dafür das beigefügte Standard-Widerrufsformular verwenden, dessen Gebrauch jedoch nicht zwingend ist.[3]

Zur Einhaltung der Widerrufsfrist genügt es, dass Sie Ihre Widerrufserklärung vor Ablauf der Widerrufsfrist absenden.

Wirkungen des Widerrufs

Wenn Sie diesen Vertrag widerrufen, erstatten wir Ihnen alle von Ihnen geleistete Zahlungen einschließlich der Lieferkosten (mit Ausnahme der zusätzlichen Kosten, die sich daraus ergeben, dass Sie eine andere Art der Lieferung als die von uns angebotene, günstigste Standardlieferung gewählt haben) unverzüglich, spätestens jedoch binnen 14 Tagen ab dem Tag, an dem wir Kenntnis von Ihrem Widerruf erhalten haben, zurück. Die Erstattung erfolgt unter Verwendung desselben Zahlungsmittels, das Sie für die ursprüngliche Transaktion verwendet haben, es sei denn, es wurde ausdrücklich etwas anderes vereinbart. Für Sie fallen dadurch jedoch keine Gebühren an.[4]

[5]

[6]

Hinweise zum Ausfüllen des Formulars:

1 Fügen Sie an dieser Stelle einen der folgenden in Anführungszeichen gesetzten Textbausteine ein:

a) im Falle eines Vertrags über verbundene Dienstleistungen oder eines Vertrags über die Lieferung von Wasser, Gas oder Strom, wenn sie nicht in einem begrenzten Volumen oder in einer bestimmten Menge zum Verkauf angeboten werden, von Fernwärme oder von digitalen Inhalten, die nicht auf einem materiellen Datenträger geliefert werden: „des Vertragsschlusses.“;

b) bei Kaufverträgen: „ , an dem Sie oder ein von Ihnen benannter Dritter, der nicht der Beförderer ist, die Waren in Empfang genommen hat.“;

c) Bei einem Vertrag über den Kauf mehrerer Waren, die der Verbraucher gleichzeitig bestellt hat und die getrennt geliefert werden: „ , an dem Sie oder ein von Ihnen benannter Dritter, der nicht der Beförderer ist, die letzte Ware in Empfang genommen hat.“;

d) bei einem Vertrag über die Lieferung einer Ware in mehreren Teilsendungen oder Stücken: „„ an dem Sie oder ein von Ihnen benannter Dritter, der nicht der Beförderer ist, die letzte Teilsendung oder das letzte Stück in Empfang genommen hat.“;

e) bei einem Vertrag über die regelmäßige Lieferung von Waren über einen bestimmten Zeitraum hinweg: „„ an dem Sie oder ein von Ihnen benannter Dritter, der nicht der Beförderer ist, die erste Lieferung in Empfang genommen hat.“

2 Fügen Sie Ihren Namen, Ihre Anschrift sowie ggf. Ihre Telefon- und Faxnummer und Ihre E-Mail-Adresse ein.

3 Wenn der Widerruf auch elektronisch auf Ihrer Website eingegeben werden kann, ist Folgendes einzufügen: „Über unser Internetportal [Internet-Adresse einfügen] können Sie das Standard-Widerrufsformular auch elektronisch ausfüllen und übermitteln oder auf elektronischem Weg eine eindeutige Widerrufserklärung abgeben. Wenn Sie sich für diese Option entscheiden, erhalten Sie umgehend eine Empfangsbestätigung des Widerrufs auf einem dauerhaften Datenträger (z.B. per E-Mail).“

4 Wenn Sie bei einem Kaufvertrag im Falle des Widerrufs keine Abholung der Ware angeboten haben, ist folgender Satz einzufügen: „Wir behalten uns vor, den Kaufpreis so lange zurückzuhalten, bis wir die Ware wieder in Empfang genommen haben oder Sie den Nachweis ihrer Rücksendung erbracht haben, je nachdem, welches Ereignis früher eintritt.“

5 Wurden in Verbindung mit dem Vertrag Waren geliefert, ist je nach Fall Folgendes einzufügen:

a) – „Die Ware wird von uns abgeholt.“ oder

- „Sie haben die Ware unverzüglich, spätestens jedoch binnen 14 Tagen ab dem Tag, an dem Sie uns den Widerruf mitgeteilt haben, an uns oder an _____ [hier sind ggf. der Name und die Postanschrift der von Ihnen zur Entgegennahme der Ware autorisierten Person anzugeben] zurückzusenden oder zu übergeben. Die Frist gilt als eingehalten, wenn die Ware vor Ablauf der 14-tägigen Frist abgesandt wurde."

b)
- „Die Kosten der Rücksendung gehen zu unseren Lasten." oder
- „Die direkten Kosten der Rücksendung gehen zu Ihren Lasten." oder
- bei einem Fernabsatzvertrag, in dem Sie keine Kostenübernahme für die Rücksendung der Ware anbieten und die Ware ihrem Wesen nach nicht normal per Post zurückgeschickt werden kann: „Die direkten Kosten der Rücksendung – ___EUR – [Betrag eingeben] gehen zu Ihren Lasten." Oder wenn eine genaue vorherige Berechnung der Kosten in vernünftigem Rahmen nicht möglich ist: „Die direkten Kosten der Rücksendung gehen zu Ihren Lasten. Die Kosten werden auf höchstens etwa ___ EUR [Betrag einfügen] geschätzt." oder
- wenn bei einem außerhalb von Geschäftsräumen geschlossenen Vertrag die Ware ihrem Wesen nach nicht normal mit der Post zurückgesandt werden kann und dem Verbraucher bei Vertragsschluss ins Haus geliefert worden ist: „Die Ware wird auf unsere Kosten abgeholt."

c) „Sie haften für einen etwaigen Wertverlust der Ware nur dann, wenn dieser Wertverlust auf einen für die Feststellung der Art, Beschaffenheit und Funktionstüchtigkeit der Ware nicht notwendigen Umgang mit ihr zurückzuführen ist."

6 Bei einem Vertrag über verbundene Dienstleistungen ist folgender Satz einzufügen: „Wurde auf Ihren Wunsch hin noch während der Widerrufsfrist mit der Erbringung der verbundenen Dienstleistungen begonnen, schulden Sie uns bezogen auf das Gesamtauftragsvolumen den Betrag, der dem Anteil entspricht, der bis zu Ihrem Widerruf bereits geleistet wurde."

Anlage 2. Standard-Widerrufsformular
(Nur auszufüllen und zurückzusenden, wenn Sie von Ihrem Widerrufsrecht Gebrauch machen möchten)

- An [Name, Anschrift sowie ggf. Faxnummer und E-Mail-Adresse des Unternehmers – vom Unternehmer einzutragen]
- Hiermit widerrufe(n) ich/wir* den von mir/uns* abgeschlossenen Vertrag über den Kauf der folgenden Waren*/die Bereitstellung der folgenden digitalen Inhalte/die Erbringung der folgenden verbundenen Dienstleistung*:
- Bestellt am*/erhalten am*
- Name des/der Verbraucher(s)
- Anschrift des/der Verbraucher(s)
- Unterschrift des/der Verbraucher(s) (nur bei Übermittlung dieses Formulars auf Papier)
- Datum

* Unzutreffendes streichen.

Sachverzeichnis

Die fetten Ziffern bezeichnen die Nummern, unter denen die Gesetze und Verordnungen abgedruckt sind, die mageren Ziffern bezeichnen die Paragraphen.